Hertzogthum Kärnten.
Muraw
Ronten.
Stadlel
Pressitz fl:
S. Iohannes
Schirssling
Mur fl.
Sunebintkirch
Katz
weissee
Neumarck
S. Godhardus
S. Marin
Perching
Metnitz
S. Salvator
Obernsons
Grades
Tirrstain
S. Steffan
Friesach
Michelsdorff
Strasburg
Gurck
S. Radigund
Altnhofn
S. Peter
S. Steffan
Gurckthal
S. Kolman
Ihlsperg
Rassenfelde
Silberek
S. Peter
Steinpuhl
Meyssling
S. Clement
Nussberg
Osterwitz
S. Georg
UNTER
Landsdorff
Ebestein
Pesseritz fl:
Mulbach
Peuck
S. Walpurg
S. Veit
S. Iohan
KA
Freudenberg
S. Donat

Land der Hemma

Werner Sabitzer

Land der Hemma

DAS GURKTAL

GESCHICHTE UND
GESCHICHTEN

IMPRESSUM

ISBN: 978-3-70120-100-6

Bücher aus der Verlagsgruppe Styria gibt es
in jeder Buchhandlung und im Online-Shop

Lektorat: Nicole Richter
Covergestaltung: Maria Schuster
Buchgestaltung: Satz & Design Fellner, Klagenfurt

Druck und Bindung:
Druckerei Theiss GmbH, St. Stefan im Lavanttal

7 6 5 4 3 2 1

INHALTSVERZEICHNIS

VORWORT

Von der Engen Gurk bis Zwischenwässern

Das Gurktal, das sich in der Tourismusregion Mittelkärnten befindet, umfasst insgesamt acht Gemeinden, das sind Deutsch-Griffen, Glödnitz, Gnesau, Gurk, Himmelberg, Sirnitz, Straßburg sowie Weitensfeld. Viel wurde über diesen Landstrich in Büchern über Kärnten geschrieben und einige der Gurktaler Gemeinden haben informative Chroniken herausgegeben. Dennoch bestand bisher kein einziges Werk, das sich ausschließlich dem Gurktal und seiner reichhaltigen Geschichte widmet. Mit dem vorliegenden Buch soll diese Lücke geschlossen werden.

Mehrere Historiker haben sich intensiv mit der Geschichte des Gurktals bzw. des Bistums Gurk beschäftigt und ihre Erkenntnisse in Fachbüchern und Fachzeitschriften veröffentlicht, darunter Johannes Sacherer, Peter G. Tropper, Christine Tropper und Jakob Obersteiner, ebenso Historiker des Landesarchivs Kärnten und der früh verstorbene Heimatforscher Hartmut Brachmaier, der sich vor allem mit der Geschichte seines Heimatortes Altenmarkt und der benachbarten Orte Weitensfeld, Zweinitz und Zammelsberg befasste.

„Land der Hemma" stützt sich auf Arbeiten dieser Autoren und viele weitere Quellen. Das Werk enthält Beiträge, die ein Bild des Gurktals vom Hochmittelalter bis ins 19. Jahrhundert wiedergeben. Beschrieben werden Burgen, Schlösser und Ruinen, alte Kirchen und Kapellen, einige interessante historische Persönlichkeiten, einzigartige Bräuche, Rechtsdenkmäler und andere Besonderheiten des Tals von der Engen Gurk bis Zwischenwässern. Der romanische Gurker Dom ist das Wahrzeichen des Tals, Schloss Straßburg und zuletzt Schloss Pöckstein waren Bischofssitze, die Magdalenenscheibe von Weitensfeld ist die älteste Glasmalerei Österreichs, Kärntens berüchtigster Räuberhauptmann Simon Kramer trieb auch im Gurktal sein Unwesen, in Straßburg wurden noch Mitte des 17. Jahrhunderts Hexen und Zauberer hingerichtet, und in das Alpenbad nach Benesirnitz kamen jahrhundertelang prominente Kurgäste aus dem In- und Ausland.

Einige Beiträge in diesem Buch befassen sich mit dunklen Seiten der Geschichte des Gurktals: Aufstände von Ministerialen gegen die Bischöfe, Kämpfe um Besitz, Macht und Einfluss, die Ermordung von Bischöfen, Auseinandersetzungen mit Gegenbischöfen, die Verwüstungen von Burgen und Orten, Türkeneinfälle, Pestepidemien und andere folgenschwere Katastrophen.

Dieses Buch soll dazu beitragen, interessante Facetten aus der Geschichte des Gurktals einer breiten Leserschaft zugänglich zu machen – historische Fakten eines Tals, das einst Bergbau- und Industrieregion war und in dem sich ein bedeutendes geistliches Zentrum befand.

Werner Sabitzer

Das Gurktal

Die Bezeichnung Gurk, slawisch Krka, soll sich vom indogermanischen Wort Orqa, „die Gurgelnde" ableiten. Tatsächlich dringt der Fluss, der am Lattersteig entspringt, „gurgelnd" durch die „Enge Gurk" bei Albeck in das eigentliche Gurktal ein.

Das bewaldete Gurktal wurde erst sehr spät von Kelten besiedelt. Die dokumentierte Geschichte des Tals beginnt Ende des 9. Jahrhunderts. Kaiser Arnulf mit dem Beinamen „von Kärnten" schenkte 898 dem Edlen Zwentibold den Hof Gurk und fast das gesamte Gurktal. Mit einer weiteren Schenkung erhielt Zwentibold das Metnitztal und die Nebentäler. Ein knappes Jahrhundert später hätte im Gurktal ein Machtzentrum entstehen sollen: Die einflussreiche Witwe Imma, eine Nachfahrin Zwentibolds, erhielt im Jahr 975 von Kaiser Otto II. für ein Kloster in Lieding das Markt-, Münz- und Zollrecht. Mächtige Zeitgenossen, darunter wahrscheinlich auch der Salzburger Erzbischof, verhinderten die Errichtung des mit ertragreichen Privilegien ausgestatteten Klosters.

Immas Enkelin Gräfin Hemma ließ eine Reihe von Kirchen errichten und vermachte ihren Besitz der Kirche, nachdem sie Witwe geworden war und keine Nachkommen mehr hatte. Sie gründete 1043 in Gurk ein Nonnenkloster und stattete es mit reichem Besitz aus. Knapp drei Jahrzehnte später drängte der Salzburger Erzbischof die Bedeutung Hemmas zurück. Er ließ ihr Kloster schließen und gründete mit dem Besitz ein von Salzburg abhängiges Bistum in Gurk. Roman I., der bedeutendste Gurker Bischof des Hochmittelalters, sorgte für die Belebung des Gurktals. Er begann mit dem Bau des Doms, ließ die Straßburg errichten und auch eine Burg in Pöckstein am Ende des Tals. Damals bestanden im Gurktal bereits die Burgen Steuerberg (Touernich), Albeck, Waldeck (Glödnitztal) und Thurnhof sowie eine Reihe weiterer befestigter Edelmannsitze. Durch das Tal führte eine wichtige Fernstraße.

Mit den Bestrebungen der Gurker Bischöfe, die Unabhängigkeit vom Erzbistum Salzburg zu erlangen, kam es zur Wiederentdeckung Hemmas von Gurk. In gefälschten Gurker Urkunden wurde sie als Nichte des Kaisers Heinrich II. bezeichnet und ihre Rolle als Stifterin hervorgehoben. Die Urkundenfälschungen führten zwar nicht zum erwünschten Erfolg, dafür aber zur zunehmenden Verherrlichung Hemmas. Mit der Verlegung des Bischofssitzes nach Klagenfurt im Jahr 1786 ging die Bedeutung des Gurktals und seiner Hauptorte Weitensfeld, Gurk und Straßburg zurück.

Fast 1000 Jahre nach ihrem Tod ist Hemmas Popularität in Kärnten ungebrochen. Gurk feierte 2013 den 75. Jahrestag ihrer Heiligsprechung mit einer Reihe von Veranstaltungen. Die Exponate des Diözesanmuseums Klagenfurt übersiedelten in die „Schatzkammer Gurk". Das „3. Internationale Holzbildhauersymposion" auf Schloss Albeck stand im Zeichen der Kärntner Volksheiligen, Sabine Kranzelbinder verfasste das Mitspieltheater „Hl. Hemma für Volksschulen", der Schriftsteller Franzobel schrieb ein Sprechstück („Hemmaspiel") und zwei Fernsehproduktionen beschäftigen sich mit der heilig gesprochenen Gräfin. Das Gurktal ist also untrennbar mit ihr verbunden. Es ist ihr Kernland, das „Land der Hemma".

Mittelalterliches Machtzentrum Steuerberg

Die Burg Steuerberg in der Nähe der Burg Albeck hieß im Hochmittelalter „Touernich“ („Dovernik“) und wurde vermutlich im 11. Jahrhundert von den Eppensteinern erbaut. Nach deren Aussterben 1122 kam die Herrschaft an die Spanheimer. Die Lehensnehmer nannten sich nach der Burg „von Touernich“. Reginher (Reinher) von Touernich wurde im Jahr 1140 erstmals urkundlich erwähnt. Er stammte aus der Familie der Hollenburger und war mit Petrissa verheiratet, die aus der steirischen Ministerialenfamilie von Feistritz stammte. Reginher stand im Dienst des Grafen Bernhard von Spanheim-Trixen. Mit ihm brach er 1147 im Kreuzzug-Tross von König Konrad III. nach Palästina auf. Bernhard war ein Sohn von Engelbert I. von Spanheim und hatte mit seiner Frau Kunigunde aus dem Markgrafengeschlecht Steier 1142 das Kloster Viktring gegründet. Nach der Rückkehr vom zweiten Kreuzzug überließ Reginher dem Kloster Admont Teile seiner Besitzungen, darunter eine Wiese bei Pisweg. Schon vor dem Aufbruch nach Palästina hatte er dem Stift Admont zwei Huben im Raum Glödnitz und ein Gasthaus bei Steuerberg geschenkt. Zum Stift Admont hatte Reginher eine besondere Beziehung. Sein einziger Sohn Liutold trat in das Kloster ein, ausgestattet mit Besitz seines Vaters im Raum Steuerberg. Reginher hatte Liutold schon früh den Admonter Mönchen zur Erziehung übergeben. Liutold wurde am 1. Juli 1165 von den Mönchen zu ihrem Vorsteher gewählt und am 17. April 1166 vom Salzburger Erzbischof Konrad II. zum Abt geweiht.

Bernhard von Spanheim-Trixen kam am 16. November 1147 auf dem Weg ins „Heilige Land“ in Laodicea in der Türkei ums Leben. Nach seinem Tod fiel sein Besitz auf dem Erbweg an Markgraf Otakar III. von Steyr, einem Neffen von Bernhards Frau, dem nun auch Reginher von Touernich unterstand. Nach

Ruine Steuerberg: Mauerreste der Burgkapelle.

dem neuen Besitzer, dem Markgrafen von Steyr, wurde die Burg nun „Steyerberg“ („Styrberch“) genannt. In einer am 24. März 1169 ausgestellten Gurker Urkunde wurde der Burgherr erstmals als „Reinherus de Styrberch“ bezeichnet. Der Name Touernich dürfte aber noch bis ins 13. Jahrhundert gebräuchlich gewesen sein.

Reginher von Touernich trat kurz vor seinem Tod in das Kloster Admont ein, dem sein Sohn Liutold vorstand. Zum Kloster hatte er sich bereits zwischen 1140 und 1145 gebunden. Damals schenkte er dem Kloster unter anderem das Gut Dalling und weitere Huben am Zammelsberg („Zumoltsperge“), in Steuerberg und Glödnitz. Reginhers Gattin Petrissa trat in das Admonter Frauenkloster ein. Auch Reginhers Bruder Gebhard sowie die Schwiegermutter Judith von Feistritz und ihre zwei Töchter Wendilburg und Kunigunde gingen in das Kloster. Nach dem Tod von Reginhers einzigem Sohn Luitold kam die Verwaltung der Burg und Herrschaft Steuerberg an Otto, einem

Sohn von Swiker von Hollenburg, dem Bruder Reginhers. Mit dem im Jahr 1238 genannten Brüdern Amelrich und Heinrich dürften die Steuerberger ausgestorben sein.

Im 13. Jahrhundert befand sich die Burg Steuerberg im Besitz des Grafen Friedrich von Ortenburg. Sein Verwandter Heinrich von Pfannberg unternahm von hier aus mehrere Angriffe gegen Vasallen des Gurker Bischofs, mit dem er einen Erbschaftskrieg um die Herrschaft Albeck führte. Die Gurker stürmten die Burg Steuerberg und setzten sie in Brand.

Im Jahr 1418 ging die Burgherrschaft an die Grafen von Cilli und 1456 an die Habsburger. Kaiser Maximilian I. überließ sie 1517 dem Orden der St.-Georgs-Ritter in Millstatt. Der Orden, der zur Türkenabwehr gegründet worden war, verlor an Bedeutung und die Besitzungen wurden kommissarisch verwaltet. Im Jahr 1588 verpfändete Erzherzog Karl Steuerberg seinem Hofkammerrat Hans von Basseyo bis zum Tod seiner „katholischen Söhne". Der Landesfürst hatte Schulden bei seinem Hofbeamten. Die aus Italien zugewanderte Ministerialenfamilie Basseyo hatte auch die Herrschaft Braunsberg bei Kleinglödnitz inne. 1598 kam Steuerberg an die Jesuiten, den Rechtsnachfolgern der St.-Georgs-Ritter; ab 1607 wurde die Burg wahrscheinlich wieder von der Herrschaft Millstatt verwaltet. Im späten 17. Jahrhundert dürfte die Burg nicht mehr bewohnt gewesen sein. Nach der Aufhebung des Jesuitenordens durch Maria Theresia im Jahr 1773 verwaltete die Studienfondsherrschaft Millstatt als Nachfolgerin der Jesuiten den Besitz. Der Ertrag der Herrschaft diente zur Finanzierung der Universität Graz. Die Fondsherrschaft verkaufte die Herrschaft Steuerberg, zu der neben Bauernhöfen in Albeck und Deutsch-Griffen rund zwanzig Anwesen im Gebiet der heutigen Gemeinde Steuerberg gehörten, 1797 an den Gurker Fürstbischof Franz Xaver Altgraf von Salm-Reifferscheidt-Krautheim. 1825 erwarb Matthias Liebenwein das Gut Poitschach mit der verfallenen Burg aus dem Nachlass des Fürstbischofs. Seit 1938 gehört die Ruine zum Forst- und Agrargut der Familie Senitza in Poitschach.

St. Leonhard im Bade: Heilkräftiges Alpenbad

Als der Viehhirte auf einer Weide in Benesirnitz aus dem Schlaf erwachte, bemerkte er, dass ein Stier mit den Hufen die Erde aufscharrte. Kurz zuvor hatte der Hirte geträumt, dass sich an dieser Stelle zwischen der Viehherde ein Nebelschleier zum Erdboden senkte. Plötzlich sprudelte an dieser Stelle Wasser aus dem Boden. Einige Tage später sprang der Stier freudig herum, nachdem er von dieser Quelle getrunken hatte. Auch der Hirte fühlte eine belebende Wirkung durch das Wasser. Als er sein krankes, schmerzendes Bein mit dem Quellwasser wusch, linderten sich die Schmerzen und kurze Zeit danach war der Hirte wieder gesund. Aus Dankbarkeit näherte er sich nur mehr betend der heilenden Quelle.

Eines Tages entdeckte der Hirte in der Nähe der Quelle im Geäst eine Holzstatue des heiligen Leonhard. Er brachte die Statue zum Pfarrer nach Sirnitz, der sie einschloss. Am nächsten Tag bemerkte der Hirte, dass sich die Statue neuerlich bei der Quelle befand. Er nahm sie mit und überreichte sie wieder dem Pfarrer. Tags darauf wiederholte sich die Begebenheit. Daraufhin pilgerten der Pfarrer, Bauern und Bürger zur Quelle und errichteten dort eine Betstelle und später eine Kapelle.

Dieser Legende aus dem 15. Jahrhundert nach, über die unter anderem Matthias Maierbrugger in seinem „Kärntner Sagenbuch" berichtete, soll das heilkräftige Wasser in St. Leonhard im Bade entstanden sein.

St. Leonhard auf dem Bergübergang zwischen Sirnitz und Gnesau war schon früh für sein besonderes Wasser bekannt. Die Kirche wurde 1213 erstmals genannt und 1350 wurde eine Filiale „Zu St. Leonhard beim guten Wasser" erwähnt. Die Kapelle in St. Leonhard im Bade wurde im 16. Jahrhundert ausgebaut. Bis 1744 gab es hier einen eigenen Pfarrer.

Die Heilkraft der Quelle sprach sich herum und immer mehr Kranke und Wallfahrer besuchten die Quelle, darunter ein ungarischer Hochadeliger, der erblindet war. Der Graf hatte vor der Abreise gelobt, bei der Quelle eine Kirche zu errichten, sollte er sein Augenlicht wieder erhalten. Über mehrere Wochen wusch der Adelige immer wieder seine Augen mit dem Quellwasser. Tatsächlich erhielt er seine Sehkraft wieder. Aus Dankbarkeit ließ der Graf eine Kirche bauen und großzügig ausstatten – vermutlich im Jahr 1540. Das vermutliche Wappen und das Antlitz des Erbauers ist in der Kirche verewigt.

Trotz der beschwerlichen Anreise – der schmale Fahrweg musste immer wieder befestigt werden – kamen immer mehr Kranke nach St. Leonhard, um eine Badekur zu machen. Auch Gurker Bischöfe verbrachten längere Zeit dort. Es entstanden neue Unterkünfte, Badehütten und Geschäfte; Sirnitzer und Himmelberger leisteten Vorspanndienste für die Pferdefuhrwerke. In den Badestuben wurde das Quellwasser erhitzt und in die Holztröge geleitet. Benesirnitz gehörte zum Bistum Gurk

St. Leonhard im Bade 2001:
Die letzten Badehäuser wurden 2008 abgerissen.

und wurde als Gurker Pflegeamt von der Herrschaft Albeck verwaltet. Das Bad selbst wurde an Interessierte verpachtet.

1780 wurde das Bad ausgebaut. Unter den Gästen befanden sich auch Nonnen des Stiftes St. Georgen am Längsee. Mitte des 18. Jahrhunderts wurde eine Missionsstation zur Bekehrung der Protestanten eingerichtet. Die Station wurde 1792 wieder aufgehoben. Am 11. Juli 1808 entstand durch Unachtsamkeit des Pächters ein Brand, der die Kirche, die Kapelle sowie Wohn- und Wirtschaftsgebäude zerstörte.

Der Himmelberger Werksbesitzer Josef Meier erwarb das Anwesen am 10. August 1813 für eine geringe Summe. Meier baute ein neues Wohnhaus und Badehütten. Mit Unterstützung des Sirnitzer Pfarrers erhielten Kirche und Kapelle neue Dächer – die nach dem Brand aufgesetzten Notdächer waren im Winter 1809/10 wegen der hohen Schneelast eingestürzt. Bald wurden neue Glocken angeschafft.

Josef Meiers Sohn Rudolf verkaufte das Bad am 2. August 1833 an Lukas Daferner. Neuer Besitzer wurde am 27. Mai 1840 Simon Meinhard und am 1. September 1849 kaufte Jakob Wanner das Anwesen. Wanner, geboren am 12. Februar 1824 in Lautern in Württemberg, war nach Kärnten gezogen und hatte in Feldkirchen eine Gärtnerei betrieben. 1865 ließ er mit Unterstützung der Gemeinde Albeck Kirche und Kapelle renovieren, er verbesserte die Unterkünfte und sorgte dafür, dass die Straße nach St. Leonhard ausgebaut wurde. 1870 wurde ein Wohnhaus mit Spielzimmer errichtet, 1875 ein weiteres Gästehaus mit einem Speisesaal und im Jahr darauf das nächste Gebäude, sodass Platz für rund 100 Gäste war. Zwischen 1872 und 1877 wurden jedes Jahr über 100 Badegäste betreut, die meisten gab es mit 179 im Jahr 1874. 1875 wurde das neue Pfarrhaus fertig, allerdings mangelte es an Priestern. Unter den Stammgästen befand sich die Familie des Mediziners und Anthropologen Professor Felix von Luschan, der in Berlin wirkte und in Millstatt eine Villa erwarb. Sein Bruder Oskar war Notar in Millstatt. Seine Mutter Christine von Luschan zeichnete das Alpenbad bei einem Besuch im August 1876. Nach Jakob Wanners Tod am

6. November 1888 führte sein Sohn Josef den Badeort weiter. Josef Wanner, geboren am 25. Oktober 1854, kaufte am 13. Juli 1889 weitere Grundstücke dazu. Als er am 27. August 1893 verstarb, erbte seine Witwe den Besitz. Sie heiratete Franz Hafner, der nach dem Tod seiner Frau das Anwesen erbte und es 1903 an den aus Straßburg in Lothringen stammenden Industriellen Karl Sebastian verkaufte. Zwischen 1896 und 1914 befanden sich im Durchschnitt über 150 Badegäste pro Jahr in St. Leonhard, 1897 waren es 220.

Die Wirren des Ersten Weltkriegs führten zum Niedergang des Bades. Die Zwischenkriegszeit brachte keine Verbesserung; die Gebäude begannen zu verfallen. Im Zweiten Weltkrieg wurde der Badebetrieb eingestellt, auch Gottesdienste gab es in St. Leonhard nur mehr selten. Nach dem Ende des Zweiten Weltkriegs nahm der neue Besitzer Daublebsky (Freiherr von) Sterneck den Bade- und Beherbergungsbetrieb wieder auf. Erforderliche Investitionen schienen aber nicht rentabel. Der Badebetrieb wurde 1965 endgültig eingestellt. Auch die Kirche begann wieder zu verfallen. Einrichtungsgegenstände kamen abhanden oder waren zerstört. Der Sirnitzer Pfarrer Hans Koschat ließ Kirche und Kapelle neu eindecken und Bischof Egon Kapellari weihte die Kirche am 7. Juli 1991 wieder ein. Im Jahr 2008 wurden die letzten Badestuben abgerissen.

St. Lorenzen: Kärntens höchstgelegene Pfarre

Auf der Straße vom Hochrindl nach Ebene Reichenau befindet sich auf über 1400 Metern Seehöhe der sonnige Ort St. Lorenzen. Das Bergdorf hat eine lange Geschichte: Um 1200 erhielt der Gnesauer Dienstmann Pilgrim vom Gurker Bischof Walter einen Teil des Hochwalds, und zwar dort, „wo die Gurker Diözese an Salzburg grenzt".

Pilgrim, der auch Truchsess des Bischofs von Gurk war, ließ den Wald roden und es entstand ein Bauerndorf. Da der Ort von der Pfarrkirche Weitensfeld, dem späteren Ort Altenmarkt, zu weit entfernt war, ließ Pilgrim eine Kirche errichten. Vorher gab es im Ort eine Kapelle, sie wurde in einer Gurker Urkunde 1043 als „ecclesia capella Sancti Laurentii in monte" erwähnt. In Anwesenheit des Weitensfelder (Altenmarkter) Pfarrers Ulrich wurde die Kirche am 29. September 1216, dem St. Michaelitag, vom Gurker Bischof Heinrich II. als Filiale von Weitensfeld geweiht – zu Ehren Marias und des heiligen Laurentius („Capella S. Marie et S. Laurentii in Alpibus"). Erster Seelsorger war der Gurker Kapitelkaplan Dietrich. Die auf 1472 Metern Seehöhe errichtete Kirche ist das höchstgelegene Gotteshaus Kärntens.

Im Jahr 1633 wurde St. Lorenzen eine eigenständige Pfarrkirche der Diözese Gurk; die Kirche in Reichenau wurde von St. Lorenzen mitversorgt. Bei einem Brand im Jahr 1663 wurden Kirche und Pfarrhof stark beschädigt, die Gebäude wurden wieder hergestellt. 1768 wurden die Vogteirechte an die Herrschaft Albeck übergeben.

Der 1986 verstorbene Konsistorialrat Karl Sümecz, Pfarrer in Zweinitz und Mitprovisor in Weitensfeld, war nach dem Zweiten Weltkrieg Pfarrer in St. Lorenzen. Er wurde 1978 erster Ehrenbürger der damaligen Großgemeinde Weitensfeld.

FILIALKIRCHE ST. ANNA

Etwa einen Kilometer von der Pfarrkirche St. Lorenzen entfernt wurde im 14. Jahrhundert oberhalb des Ortes auf knapp über 1500 Metern Seehöhe die Filialkirche „St. Anna" errichtet. Die gotische Kapelle wurde Ende des 18. Jahrhunderts auf der Westseite verlängert und mit einem kleinen Zwiebelturm und einer Vorhalle versehen.

Dem Bau der Kapelle St. Anna liegt folgende Legende zugrunde:

Der „Mahrhofer", der höchstgelegene Bergbauer, fand eines Tages neben dem Kreuz beim „Lorenzer Brunn" am Speikkofel ein Bild der Gottesmutter und nahm es mit. Am nächsten Tag befand sich das Bild aber wieder beim „Lorenzer Brunn". Das wiederholte sich mehrmals, sodass der Bauer wegen dieses Wunders das Annakirchlein errichten ließ, in dem das Bild aufgestellt wurde. Das Wasser für den Bau wurde mit Holzrinnen zum Bauplatz geleitet. Menschen, die sich mit diesem Wasser die Augen wuschen, behielten bis ins hohe Alter die Sehkraft. Viele Menschen mit einem Augenleiden pilgerten daraufhin zum Kirchlein.

Votivtafeln in der Laube erinnern an die Linderung oder Heilung der Augenleiden. Eine ähnliche Sage hat sich, siehe oben, von St. Leonhard im Bade erhalten.

„ENGELE-AUFFAHREN"

In St. Lorenzen hat sich der Brauch des „Engele-Auffahrens" erhalten. Jedes Jahr zu Christi Himmelfahrt wird eine barocke Christusfigur aus Holz in einer Prozession durch die Felder getragen. Die Teilnehmer beten dabei den Rosenkranz. Mit diesem Ritual sollen die Felder gesegnet werden, um eine reiche Ernte zu bringen.

Wieder in der Kirche angelangt, bleiben der Priester, die Ministranten und jener Mann, der den Heiland trägt, unter einer Luke stehen. Aus dieser Luke „schweben" dann an Schnüren

St. Lorenzen: Kärntens höchstgelegene Pfarrkirche.

zwei kleine Engelsfiguren herab, die jeweils in der linken Hand eine brennende Kerze tragen. An den Schnüren bewegt werden die Figuren von drei Bauern aus St. Lorenzen. Die Christusfigur wird dann in einem Holzring zwischen den Engeln aufgehängt. Es läuten die Glocken, es wird ein Lied gesungen und es gibt einige Böllerschüsse. Danach schweben die drei Figuren in die Höhe und drehen sich dabei. Bevor die Christusstatue in der Luke verschwindet, schauen die Besucher, in welche Richtung die Figur blickt. Aus dieser Richtung soll dann im Sommer Schlechtwetter kommen.

Der Brauch soll nach den entbehrungsreichen Jahren des Dreißigjährigen Kriegs im 17. Jahrhundert entstanden sein, vermutete der Kärntner Volkskundler und Publizist Matthias Maierbrugger (1913–1991). Ähnliche Himmelfahrtsrituale gibt es laut Maierbrugger auch in Weißenstein, Irschen, Sagritz, Pulst und Feistritz bei Grades. Jedes Jahr am 15. August, dem Mariä-Himmelfahrts-Tag, pilgern Menschen von Ebene Reichenau nach St. Lorenzen zur St.-Anna-Kirche. Danach wird beim Almfest gesungen, gefeiert und gerangelt.

Der Kampf um die Burg Albeck

„Das veste Schloß Halbegg liegt im Gurgger Viertheil/zwischen Weitensfeld/und Steyerberg/gleich an der Strassen/auf einem recht wilden/und Abscheulichen Ort/und hohen felsigen Berg; gehört dem Bistum Gurgg oder Straßburg. Unweit davon aber auf einem hohen Berg/ist das Schloß Steyerberg/auf Mülstatt denen Herren P. P. Societatis Jesu gehörig.“ So beschrieb Johann Weickhard Valvasor in seiner Topographie des Erzherzogtums Kärnten im Jahr 1688 die Burg Albeck. Heute sind von dem im Mittelalter bedeutenden Bauwerk nur mehr Mauerreste zu sehen.

Die Burg an einem steilen Berghang in der „Engen Gurk“ dürfte bereits im 10. Jahrhundert errichtet worden sein. Das Gebiet war eine Schenkung des Kaisers Arnulf im Jahr 898 an den „edlen Herrn Zwentibolch“. Der erste bedeutende Albecker war Rudolf von Glödnitz (1106–1144), er stammte aus der Grafenfamilie von Zeltschach. Er hatte zwei Söhne: Poppo und Rudolf. Poppo († 1183) war einer der „edelfreien“ Herren von Peggau bei Graz und Ahnherr der Grafen von Pfannberg.

Rudolf (1138–1169) gilt als Stammvater der „freien Herren“ von Albeck. Er wurde 1155 in einer Gurker Urkunde als „Rudolfus de Albekke“ erwähnt. Er hatte vermutlich drei Kinder – die Söhne Rudolf II. und Poppo, der später Bischof von Bedina in Istrien wurde, sowie die Tochter Kunigunde, die 1196 den norditalienischen Adligen Friedrich von Caporiacco heiratete. Rudolf II. von Albeck hatte zwei Söhne: Poppo und Dietrich. Poppo erbte den Albecker Besitz. Sein Bruder Dietrich schlug die geistliche Laufbahn ein: Er war ab 1175 Dompropst in Gurk und wurde 1179 vom Salzburger Erzbischof zum Bischof in Gurk eingesetzt. Er musste sein Amt gegen den von den Gurkern ohne Erlaubnis des Salzburger Erzbischofs eingesetzten „Gegenbischof“ Hermann von Ortenburg verteidigen. Es kam zu schweren Kämpfen um die Straßburg, den Sitz des

Gurker Bischofs. Hermann von Ortenburg verzichtete schließlich auf sein Amt. Poppo von Albeck nahm 1190 unter der Führung des Kaisers Friedrich I. Barbarossa am dritten Kreuzzug ins Heilige Land teil. Zur Finanzierung der Teilnahme am Kreuzzug hatte Poppos Vater Rudolf II. von seinem zweiten Sohn, Bischof Dietrich, ein Kirchendarlehen von rund 100 Friesacher Mark erhalten. Im Darlehensvertrag wurde vereinbart, dass die Herrschaft Albeck dem Bistum Gurk zugeschlagen werde, sollte Poppo kinderlos sterben. Poppo starb während des Kreuzzugs im Jahr 1191. Daraufhin übernahm das Bistum Gurk unter Bischof Dietrich den Albecker Lehenbesitz. Drei Jahre später, im März 1194, starb auch Bischof Dietrich und damit der letzte direkte Nachfahre der Freiherrn von Albeck. Eckhard, Bischof von Gurk von 1195 bis 1200, wollte auch das Erbteil der Kunigunde von Albeck erwerben. Deren Ehemann hatte aber die Mitgift an Wichard von Karlsberg verkauft.

Die steirischen Grafen von Peggau-Pfannberg waren mit der Übernahme der Herrschaft Albeck durch den Gurker Bischof nicht einverstanden und meldeten als Verwandte der Albecker Erbansprüche an. Liutpold von Peggau, ein Neffe Rudolfs von Albeck, versuchte mit seinen Söhnen, den Albecker Besitz zurückzuerhalten, stieß aber auf Widerstand Gurks. Im Jahr 1234 versuchte Herzog Bernhard von Kärnten bei einer Tagung in Meiselding die Peggauer dazu zu überreden, auf ihre Forderungen zu verzichten und bedrohte sie mit der Verhängung von Bußgeld und Kirchenbann. Ulrich von Peggau, der erste Graf von Pfannberg, beanspruchte mit seinem Bruder weiterhin die Herrschaft Albeck. Herzog Bernhard vermittelte abermals. Ulrich von Peggau-Pfannberg erschien aber nicht zum Vermittlungsgespräch in Völkermarkt, die Vermittlungen scheiterten. Auch die Versuche Papst Gregors IX., den Streit zu beenden, schlugen fehl. Ulrich von Peggau-Pfannberg wurde exkommuniziert. Nach seinem Tod wurde ihm die Beisetzung im Kloster St. Paul verwehrt.

Nach dem Tod des Salzburger Erzbischofs Eberhard II. (1200–1246), kam es zu schweren Kämpfen zwischen der Gurker

Kirche und den Söhnen Ulrichs von Peggau-Pfannberg, Bernhard und Heinrich. Güter und Kirchen des Bistums Gurk gingen in Flammen auf, viele Gebäude im Gurktaler Raum wurden zerstört. Während der Kämpfe stellten sich auch Gurker Dienstmannen gegen ihren Bischof und traten auf die Seite der Pfannberger über. Bischof Ulrich wurde gefangen genommen. Die Ministeriale nahmen dem Bischof die Straßburg und den Kirchenschatz weg und verwüsteten fast alle Kirchengüter zwischen Gurk und Metnitz. Papst Urban IV. belegte die Brandschatzer mit dem Kirchenbann. Die Brüder Bernhard und Heinrich von Pfannberg machten daraufhin eine Wallfahrt nach Gurk und versprachen Frieden. Es kam aber zu neuerlichen Kämpfen um das Gebiet Albeck. Nachdem Soldaten des Gurker Bischofs Albeck eingenommen hatten, fanden die Peggauer in der Burg Steuerberg Zuflucht. Auf Burg Steuerberg saß damals Graf Friedrich von Ortenburg, ein Verwandter der Peggauer. Heinrich von Pfannberg unternahm von der Burg Steuerberg aus mehrere Raubzüge gegen Gurker Besitzungen. Unter anderem plünderten seine Männer Gehöfte in Pölling und Feldkirchen und brachten zwei Gurker Vasallen um. Die Gurker stürmten die Burg Steuerberg und setzten sie in Brand. Fast alle Brandleger und Plünderer wurden mit Kirchenbann belegt. Bischof Dietrich II. von Gurk erhielt aber von Papst Urban IV. die Vollmacht, reuige Täter vom Kirchenbann loszusprechen, ohne dass diese nach Rom pilgern mussten. Das eingesparte Reisegeld mussten sie der Kirche für das Heilige Land spenden.

Herzog Ulrich III. von Kärnten, ein Sohn Herzogs Bernhard, konnte die Streitenden zu einem Vergleich überreden. Bei einem Gerichtstag am 10. Dezember 1264 in Landstraß in Krain einigten sich Peggauer und Gurker. Die Peggauer Brüder und ihre Schwester Sophie sowie ihre Neffen verzichteten auf die Herrschaft Albeck und erhielten als Ausgleich von der Gurker Kirche 350 Mark Friesacher Pfennige und eine persönliche Zuwendung des Bischofs Dietrich II. von 30 Mark als Lehen. Herzog Ulrich III. und drei Gurker Persönlichkeiten verpflichteten sich, die Bürgschaft für die Einhaltung des Vergleichs zu übernehmen. Der lange Erbschaftsstreit war beigelegt.

PFLEGER AUF ALBECK

Die Gurker Bischöfe setzten auf Albeck Ministeriale ein, zunächst Burggrafen, später „Pfleger". Diese nannten sich meist nach der Burg. In den Urkunden werden unter anderem „Otto dictus de Albekke" (1279) und „Ditricus dictus Permannuns", auch „Juch in der Helle" als Pfleger genannt. Juch in der Helle baute unterhalb der Burg ohne Genehmigung einen Turm und musste ihn kurze Zeit später im Auftrag Gurks abreißen und sich mit Schiedsspruch vom 26. Mai 1300 verpflichten, den Turm „an der Eben" nicht wieder aufzubauen. Juch in der Helle war auch in Auseinandersetzungen mit den Herren von Metnitz verwickelt. Der Verwalter Berthold von Albeck wurde von den Metnitzern gefangen genommen und erst nach Zahlung eines Lösegelds wieder freigelassen. Die Metnitzer überfielen auch Händler, nahmen den bischöflichen Schreiber von Gurk gefangen und verletzten den Gurker Marschall. Die Auseinandersetzungen endeten mit der Zerstörung der Burg Metnitz im September 1302 Auftrag im Auftrag von Herzog Rudolf.

Die Pfleger (Burgvögte) von Albeck hoben den „Zehent" ein, forderten „Hand- und Spanndienste" und übten die Gerichtsbarkeit aus (zu „Haut und Haar" und zu „Hals und Hand"). Der Pachtzins wurde in Geld und Naturalien bezahlt.

Zu Beginn des 14. Jahrhunderts wurde die Pflegschaft von Albeck den Freibergern anvertraut. Zwischen 1556 und 1573 wurde der Burgturm von Albeck repariert und wieder bewohnbar gemacht. Niklas von Freiberg, ließ die Burg umbauen und im Tal einen Meierhof errichten, den er 1636 dem Gurker Bischof Lorenz für 31 Mark überließ. 1640 wurde Niklas von Freiberg mit der Burghut von Albeck auf Lebenszeit belehnt. Weitere Pfleger auf Albeck waren unter anderem Otto de Giel und Peter Feistritzer. Mitte des 15. Jahrhunderts folgten als Pfleger Mitglieder der Familie Seidenschwanz. Leonhard Seidenschwanz widmete für die Burgkapelle eine Hube in Sirnitz. Der Sirnitzer Pfarrer musste sich verpflichten, ein Mal wöchentlich in der Burgkapelle eine Messe zu lesen. Als Pfleger folgten Mitglieder der Familien Einhofer, Bruckdorfer,

Rintfleisch, Staudacher und Raidhaupt. 1541 wurde Albeck als „Gschloss“ bezeichnet.

Im Jahr 1661 erhoben sich rund fünfhundert Bauern gegen den Pfleger Jakob Sittig Ayrschmolz. Ausgelöst wurde der Streit vermutlich durch die vom Pfleger willkürlich eingehobene „Personalsteuer“: Jeder Bittsteller musste beim Pfleger einen Pfennig entrichten, ansonsten wurde er nicht zu ihm vorgelassen. Ayrschmolz wandte sich mit einem Brief vom 27. Oktober 1661 an seine Vorgesetzten um Hilfe. Er fürchtete, von den aufgebrachten Bauern erschlagen zu werden. Der Gurker Dompropst, Generalvikar und Weihbischof J. G. Müller beendete die Auseinandersetzung. Er sprach mit den Bauern und versprach, die Beschwerde zu überprüfen. Der Pfleger kam mit einer Rüge des Bischofs davon.

1472 wurde Albeck Sitz des Landgerichts. Die Gerichtsbarkeit und Steuerverwaltung des Bistums Gurk umfasste die vier Landgerichtsbezirke Dürnstein, Grades, Straßburg und Albeck. Der Gurker Bischof hatte das Recht, Richter zu ernennen und abzusetzen. Der jeweilige Pfleger von Albeck war mit der Ausübung der Gerichtsbarkeit beauftragt. Die Rechtsprechung erfolgte im Namen des Bischofs. Das Albecker Gericht grenzte an die Landgerichte Millstatt, Murau, Grades, Straßburg, Kraig, Glanegg und Himmelberg. Der Markt Weitensfeld war vom Albecker Gerichtsbezirk eingeschlossen. „Der Bezirk Albeck hat drei Tagesreisen im Umfange, und ist sohin der Ausdehnung nach größer als manches selbstständige Fürstenthum in Deutschland“, schrieb Joseph Mitterdorfer in einem Beitrag in der „Carinthia“ 1820.

SCHLOSS NEUALBECK

1651 setzte Pfleger Johann Ulrich von Basseyo die Burg Albeck instand. Nach 1675 waren weitere umfangreiche Reparaturen notwendig. Um 1688 dürfte die Burg noch bewohnt gewesen sein. Aber schon vor 1700 begann der Verfall. Die Burgkapelle dürfte damals noch gut erhalten gewesen sein. Der Gurker

Bischof Joseph Maria Graf von Thun (1741–1761) stiftete für die Kapelle ein goldgeschnittenes Missale in rotem Leder. Teile der Burg wurden abgetragen und mit dem Material wurden zwei Kilometer weiter „an der Eben" das Schloss Albeck („Niederalbeck") und ein Wirtschaftsgebäude errichtet. Im Jahr 1729 wurde dieses Schloss als Amtssitz des bischöf-lichen Pflegers erstmals genannt. Damals residierte in Neualbeck der Pfleger Johann Andrä Stuttner. Im Jahr 1800 wurde das Dienerhaus erbaut. Nach der Aufhebung der Grundherrschaft 1848 wurde das Pflegamt Albeck aufgelöst. Der letzte Albecker Pfleger Johann Drasch (1845–1850) wurde Landesgerichtsassessor in Klagenfurt. Der letzte Steuerbeamte und Grundbuchführer Spieß (1848–1850) erhielt eine Stelle in Gurk. Das Schloss diente danach als bischöfliches Forstamt; später wohnten darin Forstarbeiter. Der steinerne Torbogen mit einem Steinmetzzeichen stammt aus der alten Burg.

Im Jahr 1987 kaufte Elisabeth Sickl, Direktorin der Handelsakademie Feldkirchen, die verwahrlosten, unter Denkmalschutz stehenden Gebäude dem Bistum Gurk ab und ließ sie restaurieren. Sickl, 2000/01 Bundesministerin für soziale Sicherheit und Generationen, erhielt für die Renovierung den „Landespreis für gutes Bauen". Im Schloss befinden sich heute ein Restaurant und Tagungsräume. Im Biedermeierstöckl, dem ehemaligen Dienerhaus, gibt es Ausstellungen. Albeck ist auch Treffpunkt von bildenden und darstellenden Künstlern.

Eine Römerstraße durch das Gurktal

In der Handschriftensammlung der Österreichischen Nationalbibliothek befindet sich eine kostbare Landkarte – die Tabula Peutingeriana. Die einzige erhaltene und nach ihrem früheren Besitzer Konrad Peutinger benannte Straßenkarte stammt aus dem 12. bis frühen 13. Jahrhundert und ist eine Kopie einer römischen Karte, auf der die in der Antike bekannte Welt dargestellt ist. Den Hauptteil bilden das Römische Reich und seine wichtigsten Straßen. Die grafische Darstellung ist ungewöhnlich. Die Karte ist 6,75 Meter lang, aber nur 34 Zentimeter hoch. Rom liegt in der Mitte und das Mittelmeer ist durch die Verzerrung nur als schmaler Streifen dargestellt. Auf der Karte sind etwa 4 000 Orte verzeichnet, darunter die großen Städte Virunum und Juvavum (Salzburg). Virunum auf dem Zollfeld zwischen St. Veit an der Glan und Klagenfurt war Hauptstadt der römischen Provinz Noricum und Sitz des Statthalters. Hier befanden sich das Militärlager, die Zivilstadt und ein großes Amphitheater.

Virunum und Juvavum waren mit einer befestigten Straße verbunden. Dieser wichtige Verkehrsweg könnte über Treibach (Matucaium) durch das Gurktal und über die Flattnitz geführt haben. Zwischen Zweinitz und Altenmarkt könnte sich die römische Poststation Beliandrum befunden haben.

Der deutsche Theologe, Naturwissenschaftler und Kartografiehistoriker Konrad Miller (1844–1933), der sich intensiv mit der Tabula Peutingeriana beschäftigte, vermutete, dass die Römerstraße von Salzburg über den Radstädter Tauern nach Mauterndorf führte. Dann zog Miller zwei Möglichkeiten des weiteren Straßenverlaufs in Betracht. Die eine mögliche Route könnte durch das Thomatal nach Ramingstein gegangen sein, danach weiter in den Preditzgraben, über die Turrach und durch das obere Gurktal in das Krappfeld. In diesem Fall könnte sich die römische Station Tarnasici im Gebiet Gnesau befunden haben. Miller favorisierte aber seine zweite Variante – den Straßenver-

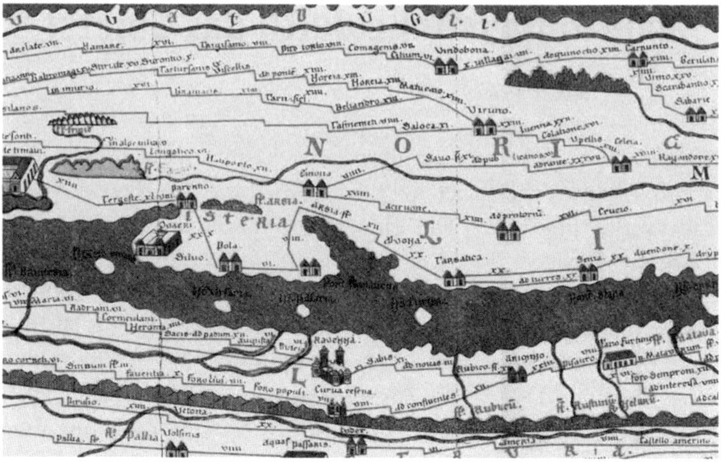

Ausschnitt aus der Tabula Peutingeriana mit den Orten Beliandrum (vermutlich Zweinitz) und Tarnasici (vermutlich Flattnitz).

lauf durch das obere Murtal bis nach Stadl, über die Flattnitz (Tarnasici) durch das Gurktal nach Treibach und in das Zollfeld. Beliandrum ist in diesem Fall im Gebiet Zweinitz anzusiedeln. Historiker halten weitere Streckenführungen der Römerstraße von Virunum nach Juvavum für möglich, etwa über Feldkirchen, Patergassen und die Turrach. Der Klagenfurter Jurist und Altertumsforscher Michael von Jabornegg-Altenfels (1797–1874) vermutete, dass die Route vom Zollfeld nach Treibach, Friesach, in das Metnitztal und über Laßnitz nach Murau in das Murtal führte.

Für die Annahme, dass die Römerstraße durch das Gurktal ging, spricht, dass sich Fragmente von römischen Grabbauten und anderen Bauwerken im Gurktal befinden. Einige bearbeitete Steine aus der Römerzeit sind in Gebäuden des Stiftes Gurk eingebaut. Der Gurktaler Heimatforscher Hartmut Brachmaier (1946–2007) hielt es für möglich, dass die Römerstraße in Altenmarkt dort vorbeiführte, wo sich heute die Altenmarkter Kirche und das „Hanserkirchlein" (St. Johann im Kranabet) befinden. Im Hanserkirchlein ist ein Fragment eines römischen Grabsteins im Altar eingemauert. Heinz Willner, der sich mit der Geschichte im Raum Sirnitz/Albeck beschäftigt, vermutet sogar, dass sich hier ein römischer Wartturm befand.

WICHTIGE VERKEHRSWEGE

Im Mittelalter und in der frühen Neuzeit führte ebenfalls ein wichtiger Verkehrsweg durch das Gurktal. Weitensfeld war ein Verkehrsknotenpunkt in Mittelkärnten. Hier führte der Verkehrsweg von St. Veit an der Glan, der früheren Hauptstadt des Herzogtums Kärnten, über die Flattnitz nach Salzburg. Eine zweite wichtige Straße ging von Weitensfeld über Zammelsberg nach Feldkirchen, Villach und weiter nach Italien. Dieser Weg war ab dem 15. Jahrhundert der wichtigere und bedeutete eine Abkürzung für die Eisentransporte nach Italien. Das Niederlagsmonopol der Stadt St. Veit wurde dadurch umgangen. Über die „Salzfurt" kam Salz aus der Ausseer-Gegend über das Metnitztal in das Gurktal.

Bei der Gurkbrücke in Weitensfeld befand sich bis 1744 eine Mautstation. In den Kranzelreiter-Museumsräumen im Herzele-Haus beim Marktplatz ist eine Kopie der Mautordnung aus der Zeit der Erzherzogin Maria Theresias ausgestellt. Hier sind die Mauttarife für Vieh und Güter festgeschrieben. Betreiber der Mautbrücke in Weitensfeld war das Domstift Gurk, dem die Maut abgeliefert werden musste.

Ein Hochverräter in Spitalein

Beim Fischerhof in Spitzwiesen führt von der Gurktal-Bundesstraße eine Straße zum Haidnerhof in Spitalein. Hier dürfte schon um 1200 ein Kirchlein gestanden sein, ebenso ein Hospiz, von dem der Name der Ortschaft herrührt. Hospize (Rast- und Übernachtungsstationen) wurden im Mittelalter an Fernverkehrswegen errichtet, unter anderem auf der Flattnitz. Das Hospiz und der Hof in Spitalein wurden erstmals um 1245 in einer Gurker Urkunde genannt. Damals schenkte die edle „Euphemia" ein Haus in Spitalein dem Bischof von Gurk. Im Jahr 1256 saß laut einem Siegel „Ritter Bruno vom Spital" auf dem Hof, es handelte sich vermutlich um Bruno von Braunsberg.

Einer der schillerndsten Besitzer der Herrschaft in Spitalein war Andreas von Greißenegg, der 1471 als Hochverräter in Graz hingerichtet wurde. Greißenegg war kaiserlicher Kämmerer, besaß das Schloss Greißenegg bei Voitsberg, war Pfleger auf Burg Eberstein im Görtschitztal und erhielt 1460 die Burg als Pfand. Er ließ die obere Burg bis auf einen Turm abreißen und übertrug die hohe Gerichtsbarkeit auf seinen Sitz Oberhornburg. Zu seinen Gütern gehörte auch die Grünburg im Görtschitztal. Greißenegg beanspruchte auch die Herrschaft Wieting, die sein Schwiegervater Laun von Hanstein innehatte, aber 1459, kurz vor seinem Tod, an das Stift St. Peter in Salzburg zurückgab. Das Gut in Spitalein und andere Lehen der Gurker Kirche wurden von der verwitweten Cäcilie Gestner 1427 an ihre Tochter Margarethe weitergegeben. Von ihr ging der Besitz 1429 an ihren Mann Walter Zebinger über. 1430 veräußerte das Ehepaar den Spitaleiner Besitz an den Vormund des Andreas von Greißenegg, Lienhart Harracher, der von 1451 bis 1455 Landesverweser in Kärnten war. Nachdem Greißenegg großjährig geworden war, übernahm er 1455 das Gut in Spitalein.

Andreas von Greißenegg war ein Verbündeter des Heerführers Andreas Baumkircher (Freiherr von Schlaining), der als Sohn eines kaiserlichen Verwalters am Hof des Kaisers Friedrich III. aufwuchs und durch seine außerordentliche Körpergröße und Kraft bekannt war. Als Söldnerführer schlug sich Baumkircher für Friedrich III. erfolgreich und wurde dafür unter anderem mit den Herrschaften Schlaining und Pressburg belohnt. Vermutlich wegen des ausständigen Söldnerlohns und der Unzufriedenheit steirischer Adeliger wandte sich Baumkircher Anfang 1469 gegen seinen Kaiser und zettelte mithilfe des steirischen Adelsbundes einen Aufstand an, die „Baumkirchnerfehde". Die Aufständischen, unter ihnen Andreas von Greißenegg, besetzten Städte und Burgen und verübten Raubzüge in der Steiermark. In einer Schlacht bei Fürstenfeld am 21. Juli 1469 besiegte die Truppe die kaiserlichen Soldaten. Die Auseinandersetzungen währten bis Oktober 1469, dann wurde ein Waffenstillstand vereinbart. Friedrich III. schloss mit Baumkircher am 30. Juni 1470 einen Friedensvertrag, der den Aufständischen Straffreiheit und die Zahlung einer hohen Geldsumme zusagte. Nachdem die Zahlung ausgeblieben war, erhob sich Baumkircher im Herbst 1470 erneut gegen den Kaiser. Im Frühjahr 1471 wurden neuerliche Verhandlungen vereinbart. Andreas Baumkircher und Andreas von Greißenegg kamen am 23. April 1471 zu Verhandlungen nach Graz. Den Aufständischen war bis zum Sonnenuntergang freies Geleit zugesichert worden. Die Verhandlungen auf der Festung Graz wurden aber von der kaiserlichen Partei verzögert. Als der Abend hereinbrach, endete das freie Geleit. Die Stadttore wurden versperrt. Baumkircher und Greißenegg konnten die Stadt nicht mehr verlassen. Sie wurden festgenommen und vor dem Murtor enthauptet.

DER HAIDNERHOF IN SPITALEIN

Bald nach der Hinrichtung Greißeneggs kam Spitalein an die Herren von Feistritz. Nach den Feistritzern wechselten häufig die Besitzer. 1593 wurde der Besitz erstmals als „Haidner am Spitällel" erwähnt. Der Hof war privilegiert, brauchte keinen Getreidezehent an das Gurker Domkapitel abliefern, war aber zur Armenfürsorge verpflichtet. Hofbesitzer waren ab 1696 Jakob Haidner, 1740 Ruep Haidner und 1762 Franz Kobalter („bischöflicher Freistifter am Hädnergut"). 1772 befand sich das Gut im Besitz von Thomas Olschnegger. Ihm folgte 1808 sein Sohn Joseph, der auch eine Berechtigung zum Bierbrauen und Bierausschank besaß. Joseph Olschnegger war mit Anna, geb. Mulle, (1776–1848) verheiratet. Ihre Grabplatte befindet sich an der südlichen Außenwand der Kirche Deutsch-Griffen. Olschneggers Schwiegersohn Karl Löhner übernahm 1843 den Haidnerhof. Er wurde 1850 der erste Bürgermeister von Deutsch-Griffen. 1862 übernahm sein Sohn Albin das Gut. Von ihm ging der Besitz 1871 an Amalia Baronin Buseck zu Alten-Buseck, geb. Gräfin Norman, die den Hof aber schon 1879 an Jakob Unterhösel verkaufte.

1882 erwarb der Glödnitzer Landwirt Veit Prettner den Haidnerhof. Der 1846 geborene Prettner besaß den Bauernhof vlg. Schleichen auf der Schattseite in Glödnitz und war auch Politiker: Als 29-Jähriger wurde er Bürgermeister von Glödnitz und von 1893 bis 1896 war er als Nachfolger von Gustav Hock Abgeordneter der Deutschnational-Liberalen im Reichsrat in Wien. Prettner war einer der Betreiber des Baus der Gurktalbahn. Er war mit Anna, geb. Stromberger (1841–1928) verheiratet und starb 1927. Seine Tochter Aloisia erbte den Haidnerhof. Sie heiratete den Weitensfelder Albin Hochsteiner vlg. Herzele und übergab den Hof 1951 an ihren Sohn Ernst (1911–1979). Dieser war mit Isolde, geb. Huber, (1918–2004) verheiratet. Ihr Sohn Harald, der den Hof 1985 übernahm, war der letzte Hochsteiner auf dem Haidnerhof. 1994 erwarb die Familie Huber vom benachbarten Fischerhof den Besitz in Spitalein.

Der Haidnerhof in Spitalein:
Einst Edelmannssitz an einer wichtigen Straße.

Das dem heiligen Johannes dem Täufer geweihte Kirchlein
in Spitalein wurde vermutlich 1245 mit dem Hospiz errichtet.

Eine Grabplatte an der Kirche in Deutsch-Griffen erinnert an eine Besitzerin des Haidnerhofs, Anna Olschnegger (1776–1848). Darunter befindet sich die Grabtafel der im Alter von sieben Monaten verstorbenen Tochter Marie der späteren Haidnerhof-Besitzerin Amalia Baronin Buseck.

Pfarrkirche Deutsch-Griffen: Seit 1218 eigene Pfarre.

Kirche und Hospiz Flattnitz: 1173 eingeweiht.

Schloss Pöckstein: Sitz des Bischofs von Gurk von 1783 bis 1786.

Aichhof: Alter Sedelhof.

Görtschacherhof: Der Edelmannsitz wurde 1211 erstmals urkundlich erwähnt.

Ertl-Kreuz beim Görtschacherhof: Hier soll einem Mädchen eine „arme Seele“ erschienen sein.

Das um 1883 vom Sensengewerken Johann Spitzer errichtete Herrenhaus verfällt. Das Wirtschaftsgebäude daneben wurde 2013 abgerissen.

Sagenhaftes „Regofen“: Stolleneingang im Granitfelsen.

Wappengrabplatte des Kleinglödnitzer Sensengewerken Johann Ettinger (Lapidarium Schloss Straßburg).

FILIALKIRCHE ST. JOHANN

Neben dem Haidnerhof steht die Filialkirche St. Johann in Spitalein. Das Kirchlein wurde vermutlich um 1245 gemeinsam mit dem Hospiz errichtet und um 1500 umgebaut. In der Pfarrchronik wird die Vermutung geäußert, dass in Spitalein schon im 9. Jahrhundert ein Kirchlein stand. Die Filialkirche war nicht – wie der Grund herum – im Besitz des Gurker Domkapitels, sondern eine Eigenkirche des Herzogs von Kärnten. Die Kirche wurde ab 1941 als Lager benutzt und 1995/96 restauriert und wiedereingeweiht. Die Apostelfresken an den Wänden stammen aus der Zeit um 1700.

Die überdachte Kirchenstiege von Deutsch-Griffen

Die Pfarrkirche in Deutsch-Griffen weist eine Besonderheit in Kärnten auf. Vom Pfarrhof im Ort führt ein langer, gedeckter Stiegenaufgang zur Kirche. Der Gang hatte ursprünglich mehr als zweihundert Stufen und wurde 1755 errichtet. Vorher bestand eine Stiege mit Handstangen. Die Überdachung hatte keine Wehrfunktion wie die Friedhofsmauer, sondern schützte die Kirchgänger vor Regen und Schnee. 1929 wurde der unterste Teil der überdachten Stiege abgerissen, seitdem gibt es nur mehr 178 Original-Holzstufen.

Die dem heiligen Jakobus geweihte Kirche wurde erstmals 1157 urkundlich erwähnt. Damals schenkte Hemma von Zeltschach, Witwe des Grafen Poppo von Zeltschach, die Kirche dem Domkapitel Gurk. Die erste Kirche dürfte schon früher gebaut worden sein. Deutsch-Griffen war spätestens 1218 eine selbstständige Pfarre. Während der Türkeneinfälle 1476 und 1478 diente die Wehrkirche als Zufluchtsort. An der Westseite der spätgotischen, bis zu 3,80 Meter hohen Friedhofsmauer befinden sich Schießscharten. Die Wandmalereien in der Kirche stammen aus der Mitte des 15. Jahrhunderts; ihr Schöpfer war vermutlich ein Schüler des Meisters Friedrich von Villach. Der achteckige Karner wurde in der ersten Hälfte des 14. Jahrhunderts errichtet.

BEFESTIGTE ANSITZE IN DEUTSCH-GRIFFEN

Deutsch-Griffen wurde wahrscheinlich um 600 von den Slawen besiedelt. Die windische Sprache dürfte im 13. Jahrhundert verdrängt worden sein. In Deutsch-Griffen befand sich im Spätmittelalter ein Turm, der erstmals 1387 erwähnt wurde, als Turm des Mattheys Hewzz, „gesessen zu Griven in dem Gurktal". Der Turm und ein Hof wurden um 1408/09 als Gurker

Überdachte Kirchenstiege: Ursprünglich mehr als 200 Stufen.

Lehen bezeugt („turren gelegen ze Gryfen im Gurktal, ain hof dabey"). In einer Urkunde des Bischofs Roman von Gurk aus dem Jahr 1145 ist ein „Otto de Grivene" erwähnt; 1246 wurden Wernhardus de Griven und sein Sohn Reinboto sowie Engelbertus de Griven als Gurker Ministerialen genannt. Wo sich der Turm genau befand, ist nicht bekannt. Der Heimatforscher Hartmut Brachmaier vermutete, dass sich dieser befestigte Ansitz beim heutigen Bauernhof vlg. Thurner im Dorf befunden haben soll. Auch in Tanzenberg soll es eine Burg gegeben haben, sie wurde 1247 als „Tanzenberch" erstmals erwähnt.

Das Gebiet Deutsch-Griffen befand sich großteils im Besitz des Gurker Domkapitels. Es gab aber auch andere Grundherren. So besaßen im Jahr 1828 die Kommende Friesach des Deutschen Ordens, das Erzstift Salzburg, die Herrschaften Albeck, Himmelberg und Osterwitz, die Klöster Ossiach und Millstatt sowie die Pfarrhöfe Deutschgriffen, Altenmarkt und Sirnitz Grundstücke in und um den Ort. Der Eisenindustrielle von Pirkenau in Siebenaich bei St. Veit besaß um 1800 Besitzungen im Raum Tanzenberg.

Amthöfe und Edelmannsitze im Glödnitztal

Der Ort Glödnitz wurde 898 als „Glodnizze" erstmals urkundlich erwähnt. Die Kirche von Glödnitz war bis 1393 eine Filialkirche von Altenmarkt – dem früheren Ort Weitensfeld. Spätestens 1393 erhielt Glödnitz einen eigenen Pfarrer und es wurde die heutige Pfarrkirche errichtet. Im Glödnitztal gab es mehrere Edelmannsitze, Schützenlehen und Amthöfe, darunter die Burg Waldeck, die Herrschaft Teuchental, der Amthof, der Aichhof und der Görtschacherhof. Inhaber dieser Güter waren Gurker Ministeriale. Das waren Verwalter, die zum Teil dem niederen Adel angehörten.

BURG WALDECK

Neben dem Görtschacherhof befindet sich der Hardeggerhof. Hier stand im Mittelalter die Burg Waldeck. 1157 wurde Poppo von Waldeck, ein Dienstmann des Gurker Bischofs, urkundlich erwähnt, 1162 das „castrum Waldeche". Einige Waldecker waren Verwalter anderer Herrschaften – Hans der Waldecker war um 1388 Landrichter im Lungau, Balthasar von Waldeck war in der ersten Hälfte des 15. Jahrhunderts Vizedom in Friesach. Im 15. Jahrhundert schwand die Bedeutung der Burg und ihr Verfall begann. Heute sind vom mittelalterlichen Bauwerk keine Spuren mehr sichtbar.

GUT TEUCHENTAL

In Teuchental residierte bis ins 16. Jahrhundert die Ministerialenfamilie Kirchenfeind – und zwar in einem Turm, der beim heutigen Anwesen vlg. Teichentaler stand. Der Steinbau wurde später zu einem Getreidekasten umgebaut und in den 1950er-Jahren abgerissen. Zum Besitz gehörte damals auch das Guttenbrunner Gebiet auf der Flattnitz. Bischof Lorenz von Gurk übergab 1484 dem Gurker Propst Christoph Kirchenfeind das Gut am „Chabutz“ im Tausch gegen ein Gut in Michelthal. 1534 veräußerte Christoph Kirchenfeind die Gutenbrunner Alm an das Kloster Millstatt. Mit Wilhelm Kirchenfeind erlosch 1568 die Ministerialenfamilie. Danach kam das Gut Teuchental an die Herren von Feistritz, die bereits die Herrschaft Rastenfeld innehatten. Dieses Gut hatten die Brüder Martin und Wolfgang von Feistritz im Jahr 1530 vom Gurker Bischof erworben. Ein weiteres Mitglied der Familie, Sigmund von Feistritz, war von 1518 bis zu seinem Tod am 30. Jänner 1525 Dompropst in Gurk. Die Ministerialenfamilie Feistritz stand im Dienst der Gurker Bischöfe und besaß im Raum Glödnitz weitere Güter, darunter den Görtschacherhof, das daneben liegende Gut Waldeck und um 1500 den Haidnerhof in Spitalein.

AMTHOF

Zwischen Glödnitz und Weißberg befindet sich neben der Bundesstraße der große Amthof (vlg. Amthofer). Wie aus dem Namen hervorgeht, wurde hier von den umliegenden Bauern der Zehent für die Grundherrschaft eingehoben und es wurden einige andere Amtsgeschäfte erledigt. Im 16. Jahrhundert als Amtmänner erwähnt wurden Veit Rosenberger (1548), Christoph Wuecherer (1561) und Wilhelm Werner (1567). Beim Amthofer befand sich eine Kapelle, die der heiligen Barbara geweiht war.

AICHHOF

Der Aichhof in Lassenberg zwischen Altenmarkt und Glödnitz, auch Staudacherhof genannt, wurde erstmals im Jahr 1244 urkundlich erwähnt („Fridricus de Eich“). Es handelte sich um einen steuerbefreiten Sedelhof ohne Wehrfunktion. Um 1288 wurde die Familie Neiker und im 14. Jahrhundert die Familie Rumpold mit dem Hof belehnt. Im Jahr 1400 verweigerte Bischof Johannes von Gurk dem Rumpold von Aich wegen

Ungehorsam die Belehnung. Danach hatte die Familie Seidenschwanz den Hof inne, unter anderem ist Lienhard und sein Sohn Ruprecht Seidenschwanz zu Aich dokumentiert. Es handelte sich um Bürger aus Weitensfeld, die 1318 in den Dienst des Propstes von Gurk traten und später zu den Edelknechten Gurks gehörten. Edelknechte setzten sich seit dem 14. Jahrhunderts als Berufsstand durch, sie konnten zum Ritter geschlagen werden und als solche größere Güter als Pfleger erhalten. Ende des 15. Jahrhunderts kam der Aichhof von der Familie Seidenschwanz an Hans von Staudach, der um 1470 Pfleger in Grades war. Die Staudacher waren einige Zeit auch Pfleger auf der Burg Albeck. Der letzte der Familie auf dem Aichhof war Georg von Staudach, der sich „Herr zu Aich" nannte und 1569 Pfleger in Keutschach war. Spätere Inhaber des Aichhofs waren die Jochner zu Prägrad (und Aich).

Über den Aichhof hat sich die Sage über einen „fliegenden Kopf" erhalten. Zwischen dem Aichhof und dem Moserbauern, wo sich die Richtstätte mit dem Galgen befand, gab es der Sage nach eine unterirdische Verbindung. Als man eines Tages einen Unschuldigen verurteilte und köpfte, flog der Kopf weit über die Gegend und verschwand schließlich dort in der Erde, „wo der Berg aufhört". Gleichzeitig zerbrach der Galgen beim Moserhof.

GÖRTSCHACHERHOF

Der Görtschacherhof ist ein alter Edelmannsitz und befand sich im Besitz des Gurker Domkapitels. Erstmals urkundlich erwähnt wurde das Gut im Jahr 1211. Damals war der Gurker Ministeriale Perengerus de Gorsach (Berengar von Görtschach) mit dem Hof belehnt. Es handelte sich um ein Schützenlehen, die Lehensnehmer waren dem Gurker Bischof auch zur Waffenfolge verpflichtet. Im 14. Jahrhundert saß die Ministerialenfamilie Gurker auf dem Hof. Konrad von Freidorf, genannt „der Gurker", veräußerte den Hof am 27. März 1318. 1373 übernahm ein Teichentaler den Hof von Feidl von Görtschach. Mitte des 15. Jahrhunderts war der Hof im Besitz der

Weitensfelder Familie Seidenschwanz, die durch Handel reich wurde und das Recht hatte, Siegel und Wappen zu führen. Spätere Besitzer des Görtschacherhofs waren die Familie Stichhaller und im 16. Jahrhundert die Herren von Feistritz. Die Lehensnehmer hatten auch die Burgfriedsgerechtigkeit inne, also die niedere Gerichtsbarkeit auf dem Gutsgebiet. 1729 war Johann Wilhelm von Keller Inhaber des Burgfriedens. Später wechselten häufig die Besitzer.

Auch vom Görtschacherhof gibt es eine Sage. Hinter dem Görtschacherhof am Beginn des Glödnitztals steht auch heute noch neben dem Weg ein altes Holzkreuz. Auf der verwitterten Tafel befindet sich ein kaum mehr zu erkennendes zweiteiliges Bild. Auf der oberen Hälfte ist ein Mädchen abgebildet, dem eine Frau erscheint. Unten befinden sich eine Abbildung des Görtschacherhofs und die zweizeilige Aufschrift: „Die Erscheinung – Görtschacher Kreuz". Etwas weiter auf dem Weg zum Hardeggerhof befindet sich das „Ertl-Kreuz", ein großes, gemauertes Marterl. Und in der Nähe dieses Kreuzes soll es zur „Erscheinung" gekommen sein.

Der Sage nach hüteten hier Kinder vor langer Zeit Kühe. Den Kindern fiel auf, dass eines der älteren Mädchen mit jemandem sprach, den sie nicht sehen konnten. Das Mädchen erzählte, dass ihr eine „arme Seele" erschienen sei und ihr einen Schatz versprochen habe, wenn es eine Wallfahrt auf den „Heiligen Berg" mache. Die „arme Seele" habe dem Mädchen versprochen, ihm den Weg dorthin zu zeigen. Nach einiger Zeit kehrte das Mädchen zurück und fand im Wald hinter dem Görtschacherhof eine Truhe mit Goldmünzen. Ein armer Bauernsohn erfuhr davon und hielt um die Hand des Mädchens an. Am Hochzeitstag sagte die Braut zu den anderen Frauen: „Heute ist mein Ehrentag. Kleidet mich schön ein. In einem Jahr werde ich wieder schön gekleidet sein, aber ich werde das Totenkleid tragen." Tatsächlich starb die junge Bäuerin ein Jahr später auf jener Weide, auf der ihr die „arme Seele" begegnet war.

Baudenkmäler auf der Flattnitz

Über die auf knapp 1400 Metern Seehöhe liegende Flattnitz führte jahrhundertelang ein wichtiger Verkehrsweg von Kärnten über das obere Murtal nach Salzburg. Einige erhalten gebliebene Bauten zeugen von der Bedeutung der Flattnitz in den vergangenen Jahrhunderten.

KIRCHE UND HOSPIZ

Die Flattnitz wurde schon im 12. Jahrhundert als Sommersitz der Gurker Bischöfe urkundlich erwähnt. Bischof Heinrich I. von Gurk ließ eine kleine Kirche errichten und weihte sie am 29. August 1173 zu Ehren der Jungfrau Maria, des heiligen Johannes des Täufers und anderer Heiliger. Knapp drei Monate später schloss der Bischof mit Propst Roman von Gurk und den Gurker Chorherrn einen Vergleich über die Benützung der Flattnitz. Die Kirche ist im Kern ein romanischer Rundbau. Ein Zubau auf der Westseite diente als Hospiz. Die Glocke dürfte aus dem 15. Jahrhundert stammen. Im 16. Jahrhundert wurde auch ein Friedhof erwähnt. Die Kirche mit dem gotischen Chorzubau wurde ab 1907 restauriert. Die Wandmalereien wurden 1907 bis 1910 von August Veiter geschaffen. Die Bilder zeigen die Muttergottes, Johannes den Täufer und Johannes Evangelist. In der Kuppel befinden sich vier Szenen aus der Johanneslegende sowie Abbildungen von Heiligen.

AMTS- UND MAUTHAUS

Das Amts- bzw. Mauthaus auf der Flattnitz ist vermutlich das älteste noch bestehende in Kärnten. Das erste Amtshaus wurde wahrscheinlich im 16. Jahrhundert errichtet. Mitte des 17. Jahrhunderts war es Sitz der Verwaltung für die bischöflichen Besitzungen auf der Flattnitz. Das Gebäude diente auch als Unterkunft für Gäste des Gurker Stiftes und für den Mesner der

Amtshaus auf der Flattnitz:
Eines der ältesten Amtshäuser in Österreich.

Johanneskirche auf der Flattnitz. Im Jahr 1662 gab es eine Meldung über Schmuggler („Contrabanden") im Gebiet des Schobers; deshalb wurde im Jahr darauf die Einrichtung eines „Hütamtes" auf der Flattnitz angeregt. Die Landstände wandten sich mit einem Schreiben vom 22. Oktober 1671 an den Gurker Dompropst 1672 und ersuchten ihn, das Gebäude als Mauthaus für den geplanten Zoll zur Verfügung zu stellen. 1679 wurde davor ein Schranken errichtet. Im Herbst 1733 brannte das Mauthaus ab; 1775 wurde auf Weisung der k. k. Bancal-Kammer (Finanzministerium) ein neues Amtshaus errichtet. Im Josephinischen Kataster von 1788 hat das Mauthaus die Nr. 1324 und wird als Jägerhaus des Domstiftes Gurk bezeichnet; im Franziszeischen Kataster von 1828 ist das Gebäude ebenfalls verzeichnet. Das ehemalige Amtshaus wurde im Juni 1917 von Hubert Ladinig von der „Herrschaft Straßburg" erworben und diente später als Gästeunterkunft. Das Gebäude wurde mit Bescheid vom 1. August 1966 unter Denkmalschutz gestellt. In der Begründung hieß es unter anderem: „Das Amtshaus zählt zu den ältesten Amtshäusern in Österreich und ist wahrscheinlich das älteste Kärntens. Außer dieser Einmaligkeit ist das Amtshaus ein charakteristisches Wahrzeichen der Gegend." Eigentümer Hubert Ladinig, der Architekt Erich Huber und Landeskonservator Siegfried Hartwagner bemühten sich mit Unterstützung des Denkmalamts, das Haus vor dem Verfall zu retten. Im Jahr 1968 wurde das Dach renoviert.

KALKOFEN UND BERGWERKSTOLLEN

Neben dem Waldweg vom Gasthaus Isopp zur Fürstenhütte befinden sich auf einer Kuppe, bevor es zum Hirnboden hinuntergeht, die Mauerreste eines Kalkofens. Der runde Ofen wurde bis in das 17. Jahrhundert zum Brennen von Mauerkalk verwendet. Abgebaut wurde das Kalkgestein vom Bockbühel (Bockbühelschiefer). Auf dem Bockbühel wurde früher auch Silber abgebaut. Zwei Stollen sind noch vorhanden.

Die Flattnitz war im Mittelalter und in der frühen Neuzeit ein bedeutendes Bergbaugebiet. Hier wurde vor allem Silber, Kupfer und Pyrit abgebaut. Mehrere Stolleneingänge sind noch sichtbar, unter anderem beim „Weißenstein" nahe der Abzweigung der Metnitzer von der Flattnitzer Landesstraße.

Kind und Kegel

Das Gurktal zählte in den vergangenen Jahrhunderten zu den Regionen mit der höchsten Anzahl an unehelichen Kindern in Österreich. Von 1606 bis 1611 wurden in der damals kleinen Diözese Gurk 2 543 Kinder ehelich und 1 105 unehelich geboren. Das entspricht einer Ledigenrate von 43 Prozent. Um 1850 waren in Kärnten 46 Prozent der Geborenen illegitim. Das war der höchste Wert in Österreich. An zweiter Stelle folgte Niederösterreich mit 31 Prozent. Im Bezirk St. Veit an der Glan betrug der Anteil damals 68 Prozent. Im Gurktal war der Anteil an unehelichen Kindern, die früher als „Kegel" bezeichnet wurden, schon immer besonders hoch. In Deutsch-Griffen gab es 1887 nur sieben eheliche, aber vierundvierzig uneheliche Geburten. In den Jahren darauf war in Deutsch-Griffen im Schnitt fast nur jedes vierte Neugeborene „ehelich".

In der ohne Verfasserangabe in Klagenfurt erschienenen Publikation „Aus dem Wilajet Kärnten" wird für das Dekanat Gurk eine Illegitimenquote von 70 Prozent genannt, für das Dekanat Friesach 60 und für das Dekanat St. Veit an der Glan 54 Prozent. Der in Straßburg und in St. Stephan am Krappfeld tätige Pfarrer Ignaz Schöpf schrieb in den 1860er-Jahren: „Nicht leicht wird man in einem Taufbuche irgendwo anders unter einundzwanzig in einem Jahre geborenen Kindern nur ein eheliches und zwanzig uneheliche finden. Diese ersah ich aus dem Taufbuche der Pfarre St. Stephan."

1925 meldeten vier Gurktaler Pfarrämter Unehelichenraten, die zwischen 75 und 82 Prozent lagen. Viele „Kegel" stammten von Mägden und anderen Dienstbotinnen. Auch viele Schwestern und Töchter von Bauern hatten uneheliche Kinder und auch Bauern heirateten Frauen mit unehelichen Kindern oder sie hatten Kinder mit „Gästinnen" oder Mägden. Drei Beispiele aus der Pfarre Glödnitz illustrieren die soziale Situation: Laut einer Beschreibung aus dem Jahr 1823 brachte die „Görtschacher"-Bäuerin in Brenitz zwei uneheliche Töchter in die Ehe mit. Beide Töchter, Aloisia und Kunigund, hatten wiederum je eine Tochter, die sie mit 15 bzw. 16 Jahren geboren hatten. Die Tochter des „Galle"-Bauern in Bach hatte vier uneheliche Kinder, das erste brachte sie 1811 als 16-Jährige auf die Welt. Bei zwei der vier Kinder dürften die Väter Knechte gewesen sein, die auf dem Hof arbeiteten. Der „Ameisbauer" Blasius Kramegger in Meisenberg hatte im Jahr 1893 mit seiner „Konkubine" Pauline Treier neun Kinder zwischen 3 und 26 Jahren.

In der Pfarre Zammelsberg wurde bei einer kanonischen Visitation festgestellt, dass im Jahr 1853 insgesamt sechsundzwanzig eheliche und elf uneheliche Kinder geboren wurden.

Die Sterblichkeitsrate von unehelich Geborenen war wesentlich höher als jene der ehelich Geborenen. Viele Säuglinge wurden von ihren Müttern nach der Geburt an sozialen oder kirchlichen Einrichtungen hinterlegt, ausgesetzt oder umgebracht – trotz der hohen Strafdrohung. Ein Hofkanzleidekret aus dem Jahr 1834 schrieb zur Eindämmung der unehelichen Geburten vor, dass „den Dienstboten nach Geschlechtern gesondert eigene Schlafräume zugewiesen werden sollen, welche die Hausväter nachts zu versperren hätten".

BRENTELN UND „MORALISCHE VERDERBNIS"

Der Altenmarkter Pfarrer Wunsch berichtete 1837 an das Dekanat, dass die „Moralität" in seiner Pfarrgemeinde schlecht sei. „Herrschende Laster" seien unter anderem Unzucht und Ehebruch. „Das nächtliche Herumschwärmen, Brentelngehen und Pläschtänze sind durchaus üblich." Das „nächtliche Herumschwärmen" und das „Brenteln" sei „bei dem Volke gleichsam ein Gebot", schrieb der Pfarrer. „Selbst Weibspersonen ... gehen zur Nachtzeit unter Zurücklassung ihrer Kinder fort." Auch verheiratete Frauen würden es gern sehen, „wenn ein Brentler zu ihrem Bett gekommen ist; sie beschenken ihn, und fordern ihn für ein anders Mal gleichsam auf, und haben auf ihn einen großen Verdruss, wenn ihn die Lust nicht mehr anwandelt." Die „Weibspersonen" würden sich selten mit einem Brentler begnügen; „aber die Befriedigung der fleischlichen Lust darf doch nicht ausbleiben; obschon sie auch in diesem Punkte unersättlich sind; und der sie am besten befriedigt, der hat vor anderen den Vorzug und das Lob." Schon 1830 berichtete Pfarrer Wünsch, dass auf Höfen mit vielen Dienstboten die Unzucht „schlimmer und ärgerlicher" sei, als in einem „kleinen Hause". Komme das Personal zur Osterbeichte, habe der Seelsorger „Ursach, sich zu erschröcken". Im Durchschnitt würden zwei Drittel der Altenmarkter Kinder unehelich geboren. Diese würden „frühzeitig verdorben" und der Gemeinde zur Last fallen. Pfarrer Wunsch forderte nächtliche Polizeipatrouillen, um Brentler festzunehmen. Auch der Zammelsberger Pfarrer Ferdinand Bucher ließ damals Patrouillen gegen Brentler ausschicken.

In einer Reihe von historischen Werken werden die lockeren Sitten in Kärnten beschrieben: So schrieb der 1479 bei Nürnberg geborene Johannes Cochlaeus in seiner 1512 erschienenen „Brevis Germaniae Descriptio" (Kurze Beschreibung Deutschlands): „Was man an ihnen nicht ohne Grund tadelt, ist der zu freie Umgang zwischen beiden Geschlechtern .... So sind hier ... Nachtbesuche, bei welchen der junge Bursche in das Fenster des Mädchens einsteigt (hier Brenteln genannt), sehr im Schwunge."

Im 1811 in Wien erschienenen Reisebericht „Neueste Reise durch Österreich ob und unter der Ens, Salzburg, Berchtesgaden, Kärnthen und Steyermark" beschrieb Franz Sartori das „Brenteln" in Kärnten: Es sei *„landesüblich, und eine an dem Fuße der Saualpen und an jenen des Glockner festgewurzelte Gewohnheit, daß die jungen Leute des männlichen Geschlechtes dem weiblichen nächtliche Besuche abstatten. ... Die Burschen gehen mehr gerottet als einzeln auf diese Liebeshändel aus, damit sie sich wechselseitig unterstützen, und zu den Fenstern hinaufheben können. Gern erleichtern den ersehnten Liebhabern die Mädchen den Eingang in das Haus und in die Schlafstube, und hinterlisten die Wachsamkeit der Hausväter* *und Mütter.*" Es gebe „*Beyspiele, daß man ein Mannsbild zwischen zwey Dirnen liegend fand; gewiß eine schöne Probe von Uneigennützigkeit, die schwesterlich theilet, und zugleich eine Probe von einer Art platonischer Republik. Als noch Rekruten in der Nacht gewaltsam ausgehoben wurden, haben manche Gerichtsdiener junge Leute nackend in den Betten weiblicher Dienstbothen gefunden, und so wurden die süssen Fesseln Amors mit den Fesseln aus der Esse Vulkans verwechselt.*" Sartori glaubte zu bemerken, „*daß das weibliche Geschlecht an einer größern moralischen Verderbniß zu suchen scheine als das männliche. Man darf sich nur an einem Orte versteckt halten, wo mehrere leichtfertige Mägde sind, und man wird eine Schamlosigkeit im Reden hören, die mit dem ungezogensten Männermunde wetteifert, man wird ohne Erröthen gewisse Theile des Körpers bezeichnen hören. Sie machen die Anstalten zur nächtlichen Zusammenkunft und überlisten die väterliche Sorgfalt, sie geben dasjenige gern, was eine wohlerzogene und schamhafte Jungfrau nie geben sollte; sie betrauern wenig den Verlust ihrer Jungfrauschaft; sie haben eine unmäßige Vorliebe zum sogenannten steyerischen Tanze, in welchem das Blut durch die heftige Bewegung in eine solche Wallung geräth, und die blitzenden Augen den geheimen Wunsch des Herzens so lebhaft ausdrücken, daß mancher Tänzer seine Tänzerin zur vorgewendeten Abkühlung hinausführen muß. Es ist keine seltene Erscheinung, daß eine Weibsperson drey uneheliche Kinder hat. Ich weiß eine Pfarrey, wo beynahe ebenso viele unehelich als ehliche Kinder in einem Jahre getauft wurden, und nur Einige sich als Väter meldeten.*"

Die verschwundene Burg Braunsberg

Von der Gurktal-Bundesstraße führt zwischen Klein-Glödnitz und der Abzweigung ins Glödnitztal ein Weg nach Braunsberg, einem ausgedehnten Hochplateau südlich des Gurk-Flusses mit einigen Häusern und Bauernhöfen. Am südlichen Ende des Plateaus, am Fuße des Zammelsbergs, befindet sich eine bewaldete Erhebung, die von den Bewohnern „Schlossriegel" genannt wird. Auf dem nach Süden und Osten steil abfallenden Schlossriegel soll sich einst die kleine Burg Braunsberg befunden haben. Vermutlich schon im 18. Jahrhundert begann der Verfall der Burg und Bauern verwendeten die Mauersteine für den Bau von Häusern und Ställen. Mit Moos bewachsene Steine, Vertiefungen auf dem Plateau, ein Weg und ein Graben auf der West- und Nordseite deuten daraufhin, dass sich hier der Edelmannsitz befunden haben könnte. Bei der Burg dürfte ein Saumweg über den Zammelsberg nach Feldkirchen vorbeigeführt haben.

Braunsberg war ein Lehen der Gurker Bischöfe. Die kleine Burg wurde vermutlich in der ersten Hälfte des 13. Jahrhunderts von Bruno „de Bruneck" errichtet. Erstmals erwähnt wurde das Anwesen im Jahr 1258 in einer Gurker Urkunde. Die Ministerialen, die das Lehen verwalteten, nannten sich im 13. und 14. Jahrhundert „von Braunsberg", „Prawn von Braunsberg" oder „Prawn von der Gurke". 1260 wurde die Burg als „Pruneke" bezeichnet, und für 1289 ist ein „Brunlinus de Brunsberch" verbürgt. 1330 scheint ein Fritzle Proun, Sohn bei der Gurk, in den Dokumenten auf. Im Jahr 1338 wurde das Gebäude erneuert und 1360 saß hier ein „Praeun von Praunsberk". 1519 waren auf Braunsberg Gurker Lehensleute mit den Namen Franz, Sigmund und Wilhelm.

BASSEYO AUF BRAUNSBERG

Einen Aufschwung erlebte die Herrschaft Braunsberg mit der Belehnung an die Familie Basseyo. Die Familie, in den Quellen auch als Basayo, Baseyo, Waseyo und Bascio genannt, stammte aus Venetien. Ein Wilhelm von Basseyo, Priester von St. Denis in Liége, wurde Mitte des 13. Jahrhunderts zum Kardinal ernannt. Er begleitete Papst Urban IV. auf seiner Reise nach Deutschland.

Ein Zweig der Familie zog Anfang des 15. Jahrhunderts nach Kärnten und trat in den Dienst der Bischöfe von Gurk. Jacob Basseyo war im Jahr 1501 Amtmann zu Straßburg und 1512 Rentmeister des Bistums Gurk. 1518 war er Rat des Gurker Bischofs Matthäus Lang von Wellenburg. Anna Katharina Basseyo war die Frau von Hans Pruggmayer, der 1582 von seiner Mutter Gertraud, einer geborenen Rumpf von Wullross, die Herrschaft Tentschach übernahm. Pruggmayer und seine Frau ließen das neue Schloss Tentschach erbauen.

Ein Nachfahre des Amtmanns Jacob Basseyo, Hans von Basseyo, war Regimentsrat von Erzherzog Karl. Er erhielt vom Gurker Bischof Urban am 11. September 1572 die Herrschaft Braunsberg als Lehen. Das Gut, damals als öder „purgstal Prunsberg" bezeichnet, wurde mit einem Burgfried (Gerichtsbezirk) ausgestattet und Hans von Basseyo erklärte sich bereit, Braunsberg zu einem Edelmannssitz auszubauen. Die Basseyos ergänzten ihren Familiennamen daraufhin mit „auf Braunsberg" bzw. „zu Braunsberg". Hans, verheiratet mit Barbara von Hengstpach und in zweiter Ehe mit Euphrosine von Pranckh, hatte auch die Burg Steuerberg als Pfand. Als Regimentsrat Erzherzog Karls von Innerösterreich wollte er 1579 aus dem Amt ausscheiden. Daraufhin bewilligten ihm die Kärntner Verordneten eine Erhöhung seiner Jahreszubuße. Hans von Basseyo wurde in den Freiherrnstand erhoben und war ab 1593 Kärntner Landesverweser. Er wurde 1601 nach dem Tod des Landeshauptmanns Hans Graf Ortenburg mit der Verwaltung des Amtes betraut und stand auch auf der Kandidatenliste für den neuen Landeshauptmann, die Erzherzog Ferdinand unterbreitet wurde. Der Erzherzog entschied sich aber im Mai 1602 für einen Nicht-Kärntner – Georg Graf zu Nogarol, Hauptmann zu Triest. Hans Freiherr von Basseyo starb im Jahr 1607. Johann Jakob von Basseyo zu Braunsberg war 1593/94 Propst in Friesach. Er war auch Archidiakon von Unterkärnten und Propst des Kollegiatstifts Virgilienberg in Friesach. Er starb am 1. Oktober 1594. Seine Grabplatte wurde von einem Archäologenteam im Jahr 2005 unter Gerümpel in einer Kammer im Nordturm der Friesacher Stadtpfarrkirche entdeckt. Johann Jakob könnte vom Alter her ein Bruder oder ein Sohn des Hans Freiherr von Basseyo gewesen sein. Hans Freiherr von Basseyo hatte mindestens zwei Söhne: Bernhard und Hans Christof, der mit Katharina Wucherer zu Drasendorf verheiratet war. Er war Landrat in Kärnten und 1616 Landesverweser. Hans Christofs Sohn Hans Ulrich lebte noch auf Burg Braunsberg; seine Tochter Regina Eleonore war von 1660 bis 1677 Äbtissin des Klosters St. Georgen am Längsee. Hans Ulrich von Basseyo wurde 1651 Pfleger auf Burg Albeck, die er instandsetzen ließ. 1657 war er Landesvizedom und 1668 Landesverweser. Hans Ulrichs Sohn Hans Christof nannte sich „zu Praunsperg und Straußegg“. Mit dessen Sohn, den am 5. Februar 1671 in Straßburg geborenen Hans Wolf Christof, starb die Familie Basseyo im Freiherrenstand aus.

Die Sensengewerken in Kleinglödnitz

An der Mündung des Glödnitz-Baches in die Gurk bei Kleinglödnitz standen schon im 16. Jahrhundert eine Mühle, eine Säge und ein Hammerwerk. Melchior Ettinger erwarb im Mai 1607 das Gut. Seine Nachkommen hatten den Besitz fast 200 Jahre inne. Der Sensengewerke Ettinger gehörte mit dem Poitschacher und fünf Himmelberger Sensenproduzenten der Himmelberger Sensenschmiedezunft an. Dieses Zunftprivileg wurde am 24. Juli 1700 von Kaiser Leopold I. zum Schutz des Gewerbes auf dem Land und zur Wahrung der wirtschaftlichen Interessen erlassen. Das Privileg wurde 1720 von Kaiser Karl VI. und 1763 von Maria Theresia bestätigt.

1804 veräußerte Johann Ettinger das Gut an Peter Mayerhofer und erhielt dafür drei Höfe – den Amthof in Glödnitz, den Gambacherhof und die Jauernighube. Nach Mayerhofers Tod 1846 übernahm sein gleichnamiger Sohn den Besitz, dürfte aber in wirtschaftliche Schwierigkeiten gekommen sein, sodass er das Sensenwerk und den Gutsbetrieb 1854 an Johann Spitzer verkaufte. Die Eintragung in das alte Grundbuch KG Glödnitz erfolgte am 9. Februar 1855. Peter Mayerhofer arbeitete danach im Sensenwerk Zeilinger in Liebenfels.

Johann Spitzer wurde 1819 in Wolfsberg im Lavanttal als Sohn eines Fabriksdirektors geboren. Er maturierte am Gymnasium der Benediktiner in St. Paul im Lavanttal und studierte Geschichte und Philosophie an der Universität Wien. Mitte des 19. Jahrhunderts war er Sensengewerke in Wildbad Einöd, wo er 1853 heiratete. Nach der Revolution 1848 war er kurze Zeit Abgeordneter im Kärntner Landtag. Er war auch journalistisch tätig und schrieb für die „Klagenfurter Zeitung", die „Freien Stimmen" und die in Wien erscheinende „Deutsche Zeitung". Nach dem Erwerb des Sensenwerks 1854 durch Johann Spitzer begann ein neuerlicher Aufschwung des Betriebs in Kleinglödnitz. Spitzer ließ um 1883 beim Sensenwerk das Herrenhaus errichten und erwarb weiteren Besitz, darunter die Bauernhöfe vlg. Überfelder und vlg. Minkendorf in Meisenberg.

Johann Spitzers älterer Sohn Hugo, geboren am 7. April 1854 in Wildbach-Einöd, war Philosophie-Professor, Arzt und Soziologe. Er besuchte das Gymnasium in Klagenfurt, wo er bei seinem Onkel wohnte. Ab 1871 studierte er in Graz Philosophie (1875 Dr. phil.) und Medizin (1881 Dr. med. univ.), war kurz als Volontärarzt im Allgemeinen Krankenhaus Graz tätig und habilitierte sich für Philosophie an der Universität Graz. 1905 wurde er zum ordentlichen Universitätsprofessor für Philosophie ernannt. Neben der Erkenntnistheorie, Logik und Metaphysik befasste er sich vor allem mit Ästhetik. Er war Mitherausgeber der Schriftenreihe „Zeitfragen aus dem Gebiete der Soziologie". 1925 trat er in den Ruhestand, leitete aber noch das von ihm gegründete Seminar für philosophische Soziologie. Universitätsprofessor DDr. Hugo Spitzer starb am 30. Dezember 1936 in Graz.

Johann Spitzer übergab die Sensengewerkschaft in Kleinglödnitz 1887 seinem zweitältesten Sohn Max und zog zu seinem Sohn Hugo nach Graz, wo auch seine beiden jüngsten Söhne studierten. Im Sommer 1891 erkrankte er an einem schmerzhaften Nervenleiden und verübte im Oktober 1891 Selbstmord.

Max Spitzer, geboren am 19. Juni 1856, vergrößerte den Besitz im Gurktal. Unter anderem kaufte er um 1900 die Höfe vlg. Dasser und vlg. Bucher. Um 1900 gab es in Kärnten neben dem Spitzer-Betrieb in Kleinglödnitz fünf weitere Sensenfabriken, davon drei in Himmelberg und je eine in Greifenburg und Wolfsberg. Im Spitzer-Sensenwerk waren bis zu dreißig Sensenschmiede beschäftigt. Zum Besitz gehörten weitere Betriebe, darunter Sägewerke und eine Mautmühle. Noch vor dem Ersten Weltkrieg dürfte Spitzer das E-Werk errichtet haben. 1918 wurde die Sensenerzeugung eingestellt. In den folgenden Jahren lang wurden noch Lagerbestände abverkauft.

MITTELALTERLICHE WALLANLAGEN

Die Mündung des Glödnitzbaches in die Gurk ist nicht nur industriehistorisch, sondern auch archäologisch interessant. Gegenüber dem Spitzer-Herrenhaus, auf der anderen Seite des Glödnitzbaches und der Flattnitzer Straße, befinden sich Vertiefungen im bewaldeten Hang, die auf eine Wallanlage schließen lassen. Im Volksmund wird diese Stätte als „Türkenschanze“ bezeichnet. Einige Hundert Meter weiter in Richtung des Anwesens vlg. Reinfurter (heute Frächterei Bugelnig) befindet sich im Gurkknie eine Bodenerhebung mit zwei Ringgräben. Diese Formationen deuten ebenfalls auf eine Wallanlage hin. Auf der anderen Seite der Gurk sind westlich neben dem Pirker-Hof am Fressenfeld markante Bodenerhebungen zu sehen, vermutlich Spuren einer größeren, ovalen Wehranlage. Laut dem Kärntner Historiker Stefan Eichert könnte hier eine hoch- bis spätmittelalterliche Burg gestanden sein. Alle diese Stätten wurden bisher archäologisch nicht näher untersucht.

Der Burgenforscher Franz Xaver Kohla berichtete von angeblichen Hügelgräbern unterhalb des Pirker-Hofs. Möglicherweise untersuchte hier 1881 der Arzt, Archäologe und Anthropologe Professor Felix von Luschan (1854–1924) einen Grabhügel. Er kannte das Gurktal und verbrachte seine Ferien in St. Leonhard im Bade. Der genaue Standort des Hügelgrabes im Raum Weitensfeld oder Glödnitz und der Verbleib der von Luschan berichteten Funde, darunter Keramikgefäße, eine Bronzeschüssel, Asche und verbrannte Knochen sowie eine römische Münze, ließen sich nicht in Erfahrung bringen.

Altenmarkt – der alte Markt Weitensfeld

Altenmarkt auf einem Hochplateau über dem Gurkfluss hieß früher Weitensfeld und war im Hochmittelalter einer der bedeutendsten Orte im Gurktal. Nachdem das Domkapitel Gurk durch eine Schenkung in den Besitz des Gebiets gekommen war, verlegte es den Ort zu Beginn des 13. Jahrhunderts einige Kilometer weiter flussabwärts. Hier befand sich die Ortschaft Mirnitz, auch Mirinsdorf genannt. Der neue Markt Weitensfeld war in der Gurkschleife besser geschützt. Das frühere Weitensfeld wurde nun alter Markt bzw. Altenmarkt genannt.

Altenmarkt ist eine Urpfarre des Bistums Gurk und wurde im Jahr 1043 erstmals urkundlich erwähnt. Die Pfarrkirche war damals den beiden Heiligen Martin und Ämilian geweiht. Der heilige Martin wurde aber später nicht mehr als Kirchenpatron erwähnt. Die Pfarre war gut ausgestattet, sie diente mehrfach Gurker adeligen Chorherrn als Pfründe. Die Seelsorge machten allerdings Vikare.

Filialkirchen von Altenmarkt waren unter anderem St. Lorenzen, Sirnitz, Deutsch-Griffen, Glödnitz, das neue Weitensfeld und Zweinitz. Diese Kirchen wurden später eigene Pfarren. Heute gibt es noch zwei Filialkirchen: St. Andrä und St. Johann („Hanserkirchlein“).

Die heutige Kirche stammt aus dem 15. Jahrhundert. Im Chorgewölbe befinden sich gotische Wandmalereien. Die Abbildung der Schutzmantelmadonna an der Triumphbogenwand wird Thomas von Villach zugeschrieben. Während der Türkeneinfälle wurde um die Kirche eine etwa fünf Meter hohe Wehrmauer errichtet. Reste davon sind noch vorhanden. Der als Wehrbau errichtete Rundkarner hat über den Rundbogenfenstern Schießscharten. Um 1631 wurde das neue Pfarrhaus gebaut und 1641 der neue Pfarrstall.

FRÜHMITTELALTERLICHE WALLANLAGE

In Altenmarkt befinden sich zwei archäologisch interessante Stätten. Auf dem „Schlossriegel" in der Nähe des Malmegger-Hofes wurden Reste einer frühmittelalterlichen Ringwallanlage entdeckt. 1995 erfolgten hier archäologische Grabungen. Bei den sogenannten Öfen bei Steindorf im hinteren Zauchwinkel wurden bei ebenfalls 1995 erfolgten Grabungen Stein- und Holzreste sowie eine Keramikscherbe aus der Spätantike oder dem Frühmittelalter gefunden.

Sagenhaftes „Regofen"

Oberhalb des Ortes Weitensfeld befindet sich am steil ansteigenden und oben felsigen Berg eine Ebene, von der man eine gute Aussicht nicht nur auf Weitensfeld, sondern auch weit talabwärts sowie nach Pisweg und auf den Zammelsberg hat. Diese Stelle oberhalb der Sonnseite wird im Volksmund „Regofen“ genannt und es gibt über diesen geheimnisumwitterten Ort eine Reihe von Sagen und mündlichen Überlieferungen. Demnach soll sich hier die sagenhafte „Burg Regofen“ befunden haben.

Volksschuldirektor und Ortsgeschichtekundler Franz Pirker (1919–1989) hat allein zehn Sagen über Regofen gesammelt. 2008 ist eine von Günther Biermann bearbeitete Neuauflage von Pirkers „Sagen in und um Weitensfeld“ erschienen.

Nach einer dieser Sagen soll in Regofen ein hoher Turm gestanden haben, den man nur aus der Ferne habe sehen können. Sei man näher gekommen, habe man das Bauwerk nicht mehr wahrnehmen können. In weiteren Sagen wird von einem schwarzen Männlein berichtet, das auf der Burg Regofen gehaust und Unglück gebracht haben soll. Von der Burg aus sollen auch Raubritter Händler überfallen haben. Zudem wird in den Überlieferungen von einem verwunschenen Ritter und sogar vom Teufel berichtet.

Einige ältere Weitensfelderinnen und Weitensfelder behaupteten, dass zwischen Regofen und dem Ort Weitensfeld ein unterirdischer Geheimgang bestanden haben soll. Tatsächlich befinden sich im Felsen etwas unterhalb Regofens zwei höhlenartige Gänge. Und hinter dem ehemaligen Gasthaus „Weitensfelderhof“ besteht ein kurzer Stollen im Granitgestein. Es dürfte sich aber hier möglicherweise um den Eiskeller des Gasthauses gehandelt haben. Ein Fluchttunnel vom Ort auf Regofen wäre auch eine kaum lösbare bauliche Aufgabe und strategisch nicht erforderlich gewesen.

Blick von Regofen auf den Markt Weitensfeld.

Franz Pirker vermutete, dass Regofen mit dem Turm Rabenegg (Rabeneck) ident ist, der von Valvasor beschrieben wurde. Möglicherweise hatte Regofen eine rein strategische Bedeutung für den Markt. Aufgrund der günstigen Lage könnte hier ein Wachposten gewesen sein, der mit einem Warnfeuer vor Türkeneinfälle warnte. Regofen könnte auch als Steinbruch und die Stollen als Unterschlupf für die Arbeiter gedient haben. Eine Reihe von Häusern am Marktplatz und in der Marktstraße wurden mit Granitsteinen von Regofen gebaut.

An die sagenhafte Burg Regofen erinnert heute der „Ragofenweg" in Weitensfeld.

Die Magdalenenscheibe von Weitensfeld

Die Magdalenenscheibe aus Weitensfeld ist um 1170 entstanden und stammt vermutlich aus Salzburg. Das Kunstwerk ist 58 Zentimeter hoch und 13 Zentimeter breit und stellt Maria Magdalena dar – mit Salbgefäß und einem vergoldeten Weihrauchgefäß, wie es zur Zeit der Entstehung der Scheibe verwendet wurde. Ihr Name ist oben auf der Scheibe hingeschrieben („S. MARIA MAGDAL"). Es handelt sich um das älteste Glasgemälde Österreichs und um die zweitälteste erhaltene Glasmalerei im deutschsprachigen Raum – älter sind nur die Prophetenscheiben im Augsburger Dom, die um 1135 bemalt wurden.

Erst zu Beginn des 20. Jahrhunderts wurde das Alter und der Wert der Glasscheibe bekannt, der Kunsthistoriker Max Dvorak beschrieb 1912 erstmals in einer Publikation das Kunstwerk.

Diözesankonservator Eduard Mahlknecht schrieb über die Magdalenenscheibe: *„Der mittelalterlichen Ästhetik entsprechend kommt allen Farbwerten neben der kompositorischen eine symbolische Bedeutung zu: das Rot, das hier als Weinrot (am Schleier, an den breiten Bordüren) vertreten ist, gilt als Sinnbild der Liebe und des Märtyrertodes, das Gelb als Sinnbild der Transzendenz und des göttlichen Lichtes, Grün (am Mantel) als Sinnbild der Hoffnung. Eine besonders akzentuierte Sinnbildlichkeit kennzeichnet hierbei das auf eine einzige Stelle konzentrierte Violett des Salbgefäßes: denn dieses stellt die Farbe des Überganges vom Leben zum Tod und vom Tod zum Leben dar und gibt zudem einen deutlichen Hinweis auf die Salbung Christi durch Magdalena, wobei dieser Hinweis auf das Begräbnisritual, als Vorbereitung auf die Auferstehung, durch das von der Heiligen gehaltene Weihrauchfass noch verstärkt wird."*

DER DIEBSTAHL DER MAGDALENENSCHEIBE

Beinahe wäre die wertvolle romanische Glasmalerei für immer verloren gewesen.

Am 12. Jänner 1931 bemerkte der Weitensfelder Pfarrer Karl Hauser, dass die Magdalenenscheibe aus dem Kirchlein fehlte. Die Ermittlungen ergaben, dass der Wiener Direktionsrat Adolf Bauer den Villacher Fotografen Friedrich Dostler beauftragt hatte, das wertvolle Glasgemälde zu stehlen. Dostler brach die mit Bleistreben eingefasste Scheibe Mitte Dezember 1930 aus der Fensternische. Bauer wurde noch im Jänner 1931 in Wien verhaftet. Er hatte sich verdächtig gemacht, weil er sich beim Pfarrer Hauser über die Glasscheibe erkundigt hatte. Bauer übergab die Magdalenenscheibe einem gewissen Saul Salten, der sie nach Berlin brachte, wo sie in der „Pension Hildebrandt" im Besitz der Generalkonsulin Christina Bondy-Bey sichergestellt wurde. Friedrich Dostler wurde am 22. Dezember 1931 im Landesgericht Klagenfurt zu einem Jahr Haft verurteilt, der Auftraggeber Adolf Bauer zu fünf Monaten. Saul Salten wurde freigesprochen. Pfarrer Karl Hauser, der als Tatverdächtiger unschuldig einige Tage in Untersuchungshaft war, verließ Weitensfeld 1932.

Der Wert des Glasgemäldes wurde damals mit 100 000 Schilling (7 260 Euro) angegeben. Die Scheibe wurde restauriert und kam noch im

Magdalenenscheibe von Weitensfeld: Um 1170 entstanden.

Jahr 1931 in das Diözesanmuseum nach Klagenfurt. Im Kirchlein St. Magdalenen befindet sich ein Duplikat des Kunstwerks.

Anlass für die Gründung des Diözesanmuseums im Jahr 1917 war die Bedrohung von kirchlichen Kunstwerken und sakralen Gegenständen durch Verfall, Verkauf und Diebstahl. Aus Dachböden, Sakristeien und entlegenen Kirchen wurden Kunstgegenstände geborgen und restauriert. Seit 1937 ist das Museum öffentlich zugänglich. 2013 übersiedelte das Diözesanmuseum nach Gurk.

Das Magdalener Kirchlein in Hardernitzen, eine Filialkirche von Weitensfeld, steht neben der alten Straße nach Pisweg. Das romanische Gotteshaus wurde erstmals 1264 urkundlich erwähnt. Die Sakristei wurde in spätgotischer Zeit angebaut. Die Fresken stammen aus der Mitte des 14. Jahrhunderts, sie wurden bei einer Restaurierung 1953 freigelegt. Der aus 1649 stammende Hauptaltar zeigt das Bild der heiligen Magdalena. Die Fenster wurden während der Gotik vergrößert, auf der Südseite ist aber ein romanisches Fenster erhalten: hier befand sich die Original-Magdalenscheibe. Das Vordach wurde 1680 errichtet. Die hölzerne, bemalte Flachdecke stammt aus dem 16. Jahrhundert. Der Seitenalter ist um 1670 datiert und die Glocke stammt aus dem 14. Jahrhundert. Im November 2005 wurde neben dem Kirchlein ein neuer Friedhof mit einer Urnenmauer geweiht.

Das Kranzelreiten in Weitensfeld

Das Kranzelreiten in Weitensfeld zählt zu den schönsten und ältesten Bräuchen Österreichs. Der Sage nach erinnert die jährliche Veranstaltung an die Pest. Vor langer Zeit, als die Pest in Kärnten einen großen Teil der Bevölkerung ausrottete, sollen in Weitensfeld nur drei Burschen und ein „Edelfräulein" überlebt haben. Die Überlebenden bemühten sich um das Mädchen und einigten sich auf einen Wettkampf: Wer von den dreien bei einem Wettlauf als Sieger hervorgeht, darf das Mädchen heiraten. In Erinnerung an diese Sage gibt es jedes Jahr zu Pfingsten in Weitensfeld das Kranzelreiten mit dem Wettlauf von drei „Bürgersöhnen". Das Brauchtumsfest muss jedes Jahr stattfinden, heißt es in der Überlieferung, sonst bricht der Sage nach Unheil über den Markt herein: In der Nacht würden die Pesttoten aufstehen und über die Marktstraße reiten.

Der Brauch dürfte schon im 16. Jahrhundert ausgeübt worden sein. Der Brauchtumsforscher Leopold Kretzenbacher vermutet, dass das Kranzelreiten genauso wie das Kufenstechen, das zu Pfingsten in verschiedenen Orten des Gailtals stattfindet, aus adeligen Reiterspielen hervorgegangen sein könnte. In Berichten der „Carinthia I", der ältesten Zeitschrift Kärntens, wird der Beginn der Brauchtumsveranstaltung mit 1567 datiert. Die „Carinthia" brachte 1867 einen Bericht über „die Maibraut bei der dreihundertjährigen Jubiläumserinnerungsfeier am Pfingstmontag, dem 10. Juni 1867". Der Verfasser beschrieb das Fest, bei dem eine lebende „Maibraut" die Hauptrolle spielte: *„Von der Straßburger Fahrtstraße her erschien sie auf einem milchweißen Zelter in raschem Trabe, von ihren Paldinen umgeben, ein Mädchen im weißen modischen Damenreitkleide, mit fliegenden Lockenhaaren, das Haupt mit einem Hütchen im vollen Einklange mit dem Kostüm bedeckt. Soviel ich von meinem Standpunkte ersah, war es ein schönes, edel* *geformtes Mädchengesicht, in dem einige Kühnheit stak, dies Wagnis der öffentlichen Schaustellung zu unternehmen. Die Kopf an Kopf gedrängte Menge teilte sich, eifrigst eine Gasse bildend, vor der lieblichen Erscheinung ... Mutige und gewandte Reiter hatten nach vorausgegangenen Böllerschüssen mittels graziösem Traversieren die Gasse geöffnet. Und so begann das eigentliche Festspiel. Die Jungfrau, ebenso sicher als mutig heransprengend, hatte zu beiden Seiten gleich mutige Reiter, in ihrem nächsten Geleite zwei muntere Knaben, wie man mir sagte, Söhne des dortigen Wundarztes. An diese schönen Bilder einer jugendlich kräftigen Menschheit schlossen sich viele und abermals viele Reiter jeglichen Alters und Standes an. Es sei nun noch bemerkt, daß die reitende Jungfrau Carolina Brunner, Tochter des Josef Brunner vlg. Vöstl in Hafendorf, und die sie begleitenden Jünglinge Switwert und Oswin Seywald waren ...“*

Der Brauch des Kranzelreitens hat vermutlich germanische Wurzeln: Das Pfingstfest ähnelt den früheren Frühlingsfesten, bei denen der Kampf des Sonnengottes mit dem Winter dargestellt wurde. Bei diesen Festen gab es auch ein Wettrennen – der Sieger ging als „Maikönig“ hervor. Volkstumsforscher meinen, dass der Brauch das „Einholen der geschmückten Maibraut“ bedeutet, die im Sommer Glück und Fruchtbarkeit bringen soll. So heißt es in einem Bericht in der „Carinthia I“ im Jahr 1914: *„Durch Wettlauf und Wettrennen wurde einst entschieden, wer die Maibraut heimführen und dadurch die Erde zur neuen Fruchtbarkeit bringen sollte. Zu einer solchen heiligen Handlung war man bestrebt, nur die besten jungen Leute auszusuchen, zumal das Maipaar ein göttliches Brautpaar darstellen sollte, das Segen bringend auf Erden wandelt. Auf den rituellen Ursprung dieses Brauches deutet ja auch die rituelle Kleidung der drei Läufer und der Maibraut (Statue). Zweck der Vermählung des Maikönigs mit der Maikönigin war es, Menschen, Vieh und Pflanzen die nötige Fruchtbarkeit für das kommende Jahr zu sichern.“*

GSTANZLSINGEN UND WETTLAUF UM DIE JUNGFRAU

Am Pfingstsonntag treffen sich die Kranzelreiter mittags vor dem Herzelehof beim Marktplatz. Von dort reiten die Teilnehmer mit den geschmückten Pferden jährlich wechselnd in die benachbarten Orte Altenmarkt und Zweinitz, ursprünglich, um die Bewohner zum Fest am nächsten Tag einzuladen. In einem Bericht aus dem Jahr 1891 wird erstmals der Ausritt nach Zweinitz erwähnt. Nach einer Rast beginnt das Gstanzlsingen: Die Musikkapelle Zweinitz, die seit Jahrzehnten die Kranzelreiter begleitet, spielt einen „Tusch" vor jedem Haus. Danach singen die Reiter die Gstanzln, gereimte Vierzeiler, die ein humorvolles oder sonst erwähnenswertes Ereignis zum Inhalt haben.

Die Tracht der Kranzelreiter besteht aus einer schwarzen oder dunklen Reithose, schwarzen Reitstiefeln und einem weißen Lodenrock mit dunkelbraunem Kragen und dunkelbraunen Aufschlägen an verschiedenen Stellen. Die Reiter tragen ein Seidenhalstuch und einen schwarzen Hut mit grünem Band und einer Feder; früher war es ein echter Birkhahnstoß, heute ist es eine künstlich gebogene Feder.

Am Pfingstmontag findet das Hauptereignis statt. Die Musikkapelle zieht durch den Ort und „weckt" die Bürger. Am Vormittag gibt es ein Konzert auf dem Marktplatz. Die steinerne Jungfrau auf dem Marktplatz ist mit einem weißen Kleid mit roter Schärpe geschmückt. Auf dem Haupt trägt sie den Brautkranz, in der rechten Hand hält sie eine Pfingstrose und in der linken einen Schlüsselbund. Um 14 Uhr beginnt das Fest. Der „Dorfrichter" liest die „Proklamation" mit dem Ablauf des Kranzelreitens. Bänderhut-Frauen „bewachen" die Jungfrauen-Statue, seit 1981 sind sie Bestandteil des Festes. Drei Mal reiten die Pfingstreiter die Marktstraße auf und ab, um die „Pest auszutreiben" oder vor ihr zu flüchten. Danach geht es im Trab, voran die Musikkapelle, zum alten Gemeindehaus, wo die drei Läufer in weißer Tracht mit roter Schärpe warten. Ein Reiter erhält die „Beste-Stange", auf der sich die Preise für die Läufer befinden. Die Wettläufer werden von neuen Wirtschaftstreibenden oder Hausbesitzern gestellt. Gemeinsam geht es zum

Marktplatz. Zunächst reiten drei Kranzelreiter mit ihren Rössern um die Wette, danach beginnt der Wettlauf der „Bürgersöhne". Nach dem Startkommando bewältigen die Burschen die kräfteraubende, etwa dreihundert Meter lange, leicht bergauf führende Strecke. Der Gewinner des Laufs reitet mit dem Siegerpferd wieder Richtung Marktplatz, angeführt von den Zweinitzer Musikanten. Auf dem Marktplatz werden die Preise („Beste") an die Läufer übergeben: Der Sieger erhält ein „Kranzl" und ein Seidentuch, der Zweite einen Myrtenstrauß und ein Wolltuch und der Letzte des Wettlaufs muss mit einem Kattuntüchlein und Sauborsten Vorlieb nehmen. Der Sieger steigt auf einer Leiter zur steinernen Jungfrau auf dem Marktplatz und küsst sie unter dem Applaus der Besucher. Danach schenken die Läufer die „Beste" ihren Begleiterinnen. Das Brauchtumsfest endet mit dem „Gurktaler Walzer", der von Karl Kummer eigens für das Kranzelreiten komponiert worden ist.

Alle fünfzig Jahre, seit Ende des Zweiten Weltkriegs alle fünfundzwanzig Jahre, gibt es ein besonderes Fest: Anstelle der steinernen Jungfrau wird ein Mädchen aus dem Ort ausgewählt, um das die Wettläufer kämpfen. Zu Pfingsten 1922 fand ein solches Jubiläumskranzelreiten statt. Es hätte ursprünglich im Jahr 1917 stattfinden sollen, wurde aber wegen des Kriegs verschoben. Schuldirektor Ferdinand Schwarz beschrieb in einem Kurzbericht das Fest am 5. Juni 1922: *„Diesmal, am Jubiläumspfingstreiten, war anstatt der hölzernen Statue eine lebendige, reizende Jungfrau in der Gestalt des lieblichen, reizenden Töchterchens unseres allverehrten Herrn Bürgermeisters und Marktvorstandes, Frl. Minna Knaflitsch. Sieger der Läufer war Mathias Filipowsky. Die sehr stattliche Reiterschar in der Stärke von 45 Mann hoch zu Roß mit prächtigen, schön geschmückten Pferden mit altem wertvollem Sattelzeug holte zunächst die Jungfrau aus ihrer Wohnung ab und geleitete dieselbe, einen schönen Wallach reitend, mit Musik zu ihrem Ehrenplatze. Nun erfolgte das Kranzelreiten in der Art und Weise, wie es sonst auch geschieht. Der Obmann der Kärntner Landsmannschaft, Oberbaurat R. Pierl, überreichte als Zeichen*

Jubiläumskranzelreiten 1922: Bis zu 15 000 Besucher.

der besonderen Befriedigung und Auszeichnung dem Markte Weitensfeld die höchste Ehrung der Kärntner Landsmannschaft, die silberne Ehrenkette. Die Jungfrau setzte sich auf das Pferd und ritt an der Seite des Siegers, begleitet von der Reiterschaft, mit Musik durch den reich und schön geschmückten Markt. Vollauf befriedigt zerstreuten sich die Zuschauer. Eine solche Menschenmenge hatte Weitensfeld noch nicht gesehen. Gering geschätzt wurde diese mit 12 000 bis 15 000 Menschen angenommen."

Fünfundzwanzig Jahre später, zu Pfingsten 1947, gab es das nächste Jubiläumskranzelreiten mit einer lebenden Jungfrau. Der damalige Bürgermeister veranstaltete mit dem Weitensfeldern nach den furchtbaren Kriegsjahren ein „außerordentliches Kranzelreiten mit einer lebenden Jungfrau". Die Wahl fiel damals auf Karla Dörfler, die spätere „Bärenwirtin" in Weitens-

Spätgotische Pfarrkirche Altenmarkt mit Wehrturm (Karner).

Schloss Thurnhof wurde im 16. Jahrhundert an einen aus dem 14. Jahrhundert stammenden ehemaligen Bergfried angebaut.

Schloss Thurnhof: 1681 von Valvasor gezeichnet und später handkoloriert. Das heutige Aussehen erhielt Schloss Thurnhof zu Beginn des 18. Jahrhunderts.

Neues „Schloss Pregrad": Von Thurnhof-Besitzer Franz Wilhelm Treppo zwischen 1995 und 2000 errichtet.

Herzogtum Kärnten im Jahr 1561 (Ausschnitt): Darstellung des Gelehrten und Kartografen Wolfgang Lazius (1514–1565).

Die Pfarrkirche Zweinitz stammt aus dem 12. Jahrhundert.

Fresko „Zug der heiligen drei Könige“ an der Nordwand der Zweinitzer Pfarrkirche.

Romanische Kirche Zweinitz: Fresken in der Apsis.

Statue Madonna mit Kind in der Pfarrkirche Zweinitz.

Der Steinbrunnen mit der Kugel symbolisiert das Kugelwerfen in Deutsch-Griffen.

Gurker Dom: Bischof Roman I. begann im 12. Jahrhundert mit dem Bau.

feld. Im Jahr 1972 wählte das Festkomitee Heidi Meier als „Maibraut" aus. Das Stadttheater Klagenfurt stellte das Kostüm zur Verfügung. Werner Müller, der in früheren Jahren schon zwei Mal den Wettlauf gewonnen hatte, siegte auch im Jubiläumslauf vor Franz Dörfler und Gerd Lassnig. Volksschuldirektor Franz Pirker schrieb darüber in seiner (unveröffentlichten) Chronik über den Ort Weitensfeld: *„Müller war über seinen Sieg sichtlich erfreut. Nach allen Seiten hin fröhlich winkend, schritt er zu der stehend auf ihn wartenden Maibraut, um Kuß und Schlüssel von ihr zu empfangen und sie dann zum Ehrentanz zu führen, an dem sich später dann auch die beiden anderen Läufer mit ihren Ehrenjungfrauen beteiligten. Heidi Maier knüpfte dann noch ein Erinnerungsband an die Gemeindefahne, wobei sie folgende Worte sprach: ‚Nehmt dieses Band als Dank aus meinen Händen, den Kranzelreitern und dem Heimatort zur Ehr will ich es spenden!' Danach bestiegen Müller und Heidemarie Maier die bereitgestellten Pferde und, begleitet von Musik, Kranzelreitern und Zuschauern, ritten sie zum Festplatz, wo es dann noch lange lustig herging."*

Das bisher letzte Jubiläumskranzelreiten fand zu Pfingsten 1997 statt. Das Festkomitee wählte die 17-jährige Eva Bianca Treppo, Tochter des Besitzers von Schloss Thurnhof in Zweinitz, Franz Treppo, als Ehrenjungfrau. Am Pfingstsonntag holten die Kranzelreiter das „Burgfräulein" vom Schloss Thurnhof ab. Ein Reiter verlas die *„Beschlisung in Jahre des Hern 1997, am 18. Mai": „Wir, die Reyter von Weitensvelt seind komen heint zu Burgg und Schlos Thurnhoff zu pitten den Burgherrn Franz Treppo und seyn Gemahl', um zu geben di ehrbar Jungfer Eva Bianca uns Reytern von Weitensvelt, damit wyr sy bringen diselb in den Ort, wo daselbst morgen wirt seyn ein Laufen dreyer Jüngling in Streit um sy. Der Besst sull freyen sy, damit weyterr bestanden blyb das Volk daselbst in Weitensvelt. Eva Bianca soll komen in unser Orth, da is Wonne vill."* Den Wettlauf um „di ehrbar Jungfer Eva Bianca" am nächsten Tag gewann Christian Leitgeb vor Thomas Bischofter und Frank Telsnig. Leitgeb setzte der Braut das Siegerkranzel auf das Haupt und küsste sie vor den Tausenden Besuchern.

Der Bürgereid von Weitensfeld

Der Weitensfelder Marktschreiber Leonhard Zemäsch beschrieb im Jahr 1765 auf acht Blättern den „Bürgereid von Weitensfeld". Das historisch wertvolle Rechtsdokument des Bürgereides befand sich im Nachlass des 1930 verstorbenen Literaturhistorikers und Volkskundlers Hofrat Anton Schlossar (Graz) und wurde vom Steirischen Volkskundemuseum in Graz erworben. Beim „Bürgereid von Weitensfeld" handelte sich um einen „Versprechenseid" für Jungbürger und neue Bürger des Ortes. Der Bürgereid musste mit drei Fingern der rechten Hand geleistet werden und forderte Gehorsam ein gegenüber dem Pfarrer, dem Dompropst zu Gurk und dem Marktrichter beziehungsweise Gerichtsverwalter. Der Schwur enthielt auch Pflichten wie die Mantelpflicht für Ratsleute, das Zusammentrommeln, wesentliche Entschuldigungsgründe für das Fernbleiben von Versammlungen, die Märkte, das Austragen der „Freyung" und das wichtige Gebot der regelmäßigen Rauchfang-Kontrolle zur Brandverhütung – die meisten Dächer waren damals aus Stroh.

Der Bürgereid entspricht im weitesten Sinne einem Versprechenseid, wie er heute von Staatsoberhäuptern, Regierungsmitgliedern und Abgeordneten, aber auch von Beamten geleistet wird. Bürgereide sind in der Rechtsgeschichte selten dokumentiert. Überliefert sind unter anderem Bürgereid-Texte des 17. und 18. Jahrhunderts in der Steiermark, etwa in Frohnleiten, Mürzzuschlag und in Weißkirchen bei Judenburg.

VERSCHENKTES WEITENSFELD

„Wietensuelt" wurde erstmals im Jahr 1131 urkundlich erwähnt und lag an der Stelle des heutigen Ortes Altenmarkt. Der verschwenderische, im Jahr 1090 während des Investiturstreits vom Salzburger Gegenbischof eingesetzte Gurker Bischof Berthold von Zeltschach begann Kirchenbesitz an die Eppensteiner, Spanheimer und an andere Mächtige zu verschenken, um sein Amt zu sichern. Er begünstigte auch seine Verwandten. 1106 wurde der Salzburger Gegenbischof vertrieben und Konrad von Hildesheim wurde neuer Erzbischof von Salzburg. Er setzte den Gurker „Eindringling“ Berthold von Zeltschach ab und sein Kaplan Hiltebold wurde neuer Bischof von Gurk. Berthold von Zeltschach zog sich mit Bewilligung des Papstes in das Kloster St. Paul im Lavanttal zurück, schenkte aber dem Kloster die Güter Glödnitz und Weitensfeld. Diese Besitzungen kamen durch Tausch an die Spanheimer und in der ersten Hälfte des 12. Jahrhunderts an den steirischen Markgrafen Otakar II. Nach dem Tod des Herzogs Otakar IV. im Jahr 1192 belehnte der Kaiser den Babenberger Herzog Leopold V. mit der Steiermark, dem nun auch Glödnitz und Weitensfeld unterstanden. 1202 kam dieser Besitz durch Schenkung wieder an das Domkapitel Gurk zurück.

Zwischen 1203 und 1207 gestattete König Philipp dem Gurker Kapitel die Gründung eines neuen Marktes etwa drei Kilometer gurkabwärts. Das Stift ließ den neuen Ort „Wietensuelt“ errichten; der ursprüngliche Ort wurde als „alter Markt“ (später: „Altenmarkt“) bezeichnet. Herzog Bernhard II., der bedeutendste Spanheimer, bestätigte am 17. Dezember 1211 in der Herzogstadt St. Veit die Rechte des Domkapitels Gurk im Markt „Weytensueld“. Weitensfeld war ein eigener Burgfried (Gerichtsbarkeit). Domstiftliche Richter übten in Weitensfeld die niedere Gerichtsbarkeit aus, die „Blutgerichtsbarkeit“ oblag dem Gurker Bischof.

Kaiser Ferdinand II. verlieh dem Ort am 4. Oktober 1629 ein Wappen mit einem *„roten Schildt, darinnen ein Hirsch in einem grünen Feld zwischen vier Weidenbaimb gegen die rechte Seite zum Sprunge geschickt ...“* Außerdem gewährte der Kaiser die Abhaltung eines Jahrmarkts „auf den dritten Sonntag nach Egidi“. Der Gurker Dompropst hatte das Recht, auf dem Gurk-Fluss Fischer einzusetzen. Von Weitensfeld bis zum Steinbauer durfte er zwei Fischer beschäftigen, in der Fastenzeit vier. Der Propst hatte auch das Recht der Pechbohrung,

Die Marktfahne von Weitensfeld stammt aus der Barockzeit und ist die älteste erhaltene Gemeindefahne in Kärnten.

des „Raissgejaid und der Wilpan“ und bestimmte Rechte bei den Kirchtagen in Weitensfeld. Die Händler mussten Maut an den Propst oder seine Mautner abführen, ausgenommen waren Dinge für den Hausgebrauch, wenn der „Jahresschilling“ entrichtet wurde. Am 30. April 1841 erhielt Weitensfeld vom Kaiser Ferdinand I. das Recht, zwei Jahrmärkte abzuhalten: am St.-Mathäus-Tag und an den St.-Johann-Evangelistentagen. Im Jahr 1929 wurde der Gemeinde ein eigenes Wappen verliehen. Weitensfeld führt die älteste noch erhaltene Gemeindefahne in Kärnten. Sie stammt aus der Barockzeit.

Der Bruderschaftsmontag am Zammelsberg

Die Zammelsberger haben seit jeher einen zusätzlichen „Feiertag" – den „Bruderschaftsmontag" am Montag nach Fronleichnam. An diesem Tag gibt es eine Prozession mit mehreren Stationen und es findet die Erstkommunionsfeier statt.

Der Bruderschaftsmontag geht auf die Sage vom „verschwundenen Georgiwasser" zurück. Neben der Zammelsberger Kirche, die dem heiligen Georg geweiht ist, soll sich eine heilkräftige Quelle befunden haben. Auf der Wiese hinter der Schule seien früher jeden Sonntag Burschen aus Zammelsberg, Wullross, Steinbichl und anderen benachbarten Ortschaften zusammengekommen, um zu rangeln.

Der Sage nach ist das friedliche Rangeln an einem Sonntag zu einer Schlägerei zwischen Zammelsberger und Steinbichler Burschen ausgeartet. Auch die Mädchen beteiligten sich am Raufhandel. Die Auseinandersetzung setzte sich bis in den Friedhof fort. Dort rissen einige Raufbolde Grabkreuze aus und schlugen damit aufeinander ein. Als die Kirchenglocke ertönte und den Beginn der heiligen Messe ankündigte, kamen die Hitzköpfe zur Besinnung. Einer der Burschen wollte sich im Georgiwasser neben der Kirche das Blut von seinem Gesicht und seinen Händen waschen. Das heilkräftige Wasser wich aber plötzlich zurück und verschwand gänzlich. Die Raufbolde waren sehr erschrocken. Sie versöhnten sich und beschlossen, jedes Jahr mit dem Bruderschaftsmontag an dieses Ereignis zu gedenken.

Seit 1957 wird am Bruderschaftsmontag am Zammelsberg vor der Prozession die Erstkommunion abgehalten. Ab 1971 bis zur Schließung der Volksschule 2011 hatten die Kinder an diesem Tag offiziell schulfrei. Viele Zammelsberger Berufstätige nehmen sich an ihrem „Feiertag" Urlaub. Die Prozession führt zum Mixam-Kreuz und zurück. Die blumengeschmückte Sänfte wurde früher von weiß gekleideten Mädchen getragen, heute von Mitgliedern der Landjugend.

Brauchtum am Bruderschaftsmontag gibt es in Österreich nur im Lungau und im Raum Murau. Dort wird der „Samson“, eine hölzerne Figur, herumgetragen. Dieser Brauch geht auf die Zeit der Gegenreformation zurück. Damals wurden zu Fronleichnam und am Bruderschaftsmontag prunkvolle Umzüge abgehalten, bei denen Darstellungen aus der Bibel mitgeführt wurden, unter anderem die Figur des riesigen Samsons, eines Richters aus dem alten Testament. Spätestens seit Ende des 18. Jahrhunderts wird die Samson-Figur nicht mehr bei Prozessionen mitgetragen, sondern bei Veranstaltungen davor und danach.

„URPFARRE“ ZAMMELSBERG

Der auf 1160 Meter Seehöhe gelegene Ort Zammelsberg wurde zwischen 1050 und 1065 als „Zomoltesperga“ erstmals urkundlich erwähnt. Laut dem Ortsnamenforscher Eberhard Kranzmayer bedeutet der Name „Berg des Somojta“. Der Ort und die dem heiligen Georg gewidmete Kirche wurden vom „edlen Freien“ Liutfried gegründet, der die Kirche und sechs Huben dem Stift Brixen schenkte. Zammelsberg war bei der Gründung des Bistums Gurk 1072 eine der zehn Urpfarren. Im 13. Jahrhundert gehörte die damals sehr große, auch Steuerberg umfassende Pfarre zum Stift Admont. 1344 scheint der Ort als „Zvomolsperch“ in einer Urkunde auf. Bischof Ulrich von Gurk verleibte die Kirche im Jahr 1462 dem Gurker Domkapitel ein – im Tausch gegen die Kapitelpfarre St. Lorenzen am Steinfeld in Niederösterreich. Die Pfarre Zammelsberg war ab dem späten 15. Jahrhundert berechtigt, ein Gasthaus zu unterhalten. 1776 wurde dem Pfarrer der Weinausschank wegen Illegalität untersagt.

Über Zammelsberg führte jahrhundertelang eine wichtige Straße vom Gurktal nach Feldkirchen und weiter nach Italien und Slowenien. Der Streit zwischen St. Veit und Althofen wegen des Eisenhandels im 15. Jahrhundert hatte auch Auswirkungen auf den Ort Zammelsberg. Kaiser Friedrich III. hatte 1488 dem Probst von Gurk erlaubt, das Eisen vom Gurker Hammer über den Zammelsberg nach Italien zu führen. Die Stadt St. Veit protestierte mit Erfolg: der Kaiser wies den Gurker Domprobst an, das Eisen nicht mehr über den Zammelsberg zu transportieren, sondern in St. Veit „niederzulegen".

Die Herren auf Burg Wullross

Wer von Weitensfeld über die Pseiner Höhe den Jägergraben hinunter in das Wimitztal wandert, kommt an den Resten mehrerer Steinbauten vorbei. Hier standen einst Burg und Schloss Wullross. Die romanische Burg Wullross (auch: Woldris, Wuldres, Wuldreis, Wuelroß) auf 860 Meter Seehöhe, benannt nach ihrem Erbauer Wolrich, wurde urkundlich erstmals im Jahr 1200 in einem Urbar (Verzeichnis über Besitzrechte eines Grundherrn und Leistungen von Untertanen) des Domkapitels Gurk genannt. Waltherus de Woldris hatte damals die Burg als Lehen inne. 1279 war Pilgrim de Woldrich Zeuge bei einer Schenkung der Brüder von Freiberg. Von Pilgrim ist eine Auseinandersetzung dokumentiert, die er im Jahr 1304 mit seinem Enkel Niklas hatte, der auf Burg Nussberg saß. Die „Paben von Wullross" führten ein Wappen, das ein gehörntes Tier mit einem Nasenring zeigte. Pabo von Wullross verzichtete am 13. Mai 1392 zugunsten des Bischofs Johann von Gurk auf seine Rechte am „Stain zu Sawrek" in der Reichenau. In der Burganlage befand sich eine der heiligen Barbara geweihte Kapelle.

Die Herren von Wullross heirateten im Lauf der Zeit in viele andere Kärntner Adelsfamilien ein und hatten eine Reihe höherer Ämter im Land inne. Pabos Sohn Christof stand im Dienst der Herren von Kraig und war 1430 und 1434 Pfleger in Kärnten – anstelle von Konrad von Kraig, des Landeshauptmanns von Kärnten. 1436 war Christof von Wullross Verweser der Hauptmannschaft in Kärnten. Er starb 1444 und wurde in der Pfarrkirche St. Veit beigesetzt. Katharina von Wullross war 1402 Äbtissin des adeligen Nonnenklosters St. Georgen am Längsee. Ein Wilheld von Wullross war als Hauptmann in Straßburg im Dienst des Gurker Bischofs. Leonhard war der letzte männliche Nachkomme der Paben von Wullross. Seine Tochter Kathrey heiratete im Jahr 1444 Dietrich Linzer, dessen Familie sich danach „zu Wuelroß" nannte.

Mit der Familie Rumpf begann ein neuer Abschnitt in der Geschichte der Herrschaft Wullross. Die Familie Rumpf stammte aus der Stadt Friesach, die zum Erzstift Salzburg gehörte. Achaz Rumpf war 1420 Stadtrichter in Friesach. Auch die Brüder Wilhelm und Ruprecht standen im Dienst Salzburgs. Ruprecht war 1458 Pfleger in Hüttenberg und Wilhelm Pfleger auf Virgilienberg in Friesach. Ein weiterer Wilhelm Rumpf war mit der Familie Linzer verschwägert, kam so in den Besitz der Herrschaft Wullross und nannte sich daraufhin „von Wullross". Er wurde zum Ritter geschlagen, erwarb 1515 von Wolfgang von Pibriach die Herrschaft Tentschach und war 1518 auch Pfleger auf Osterwitz. Rumpf von Wullross war Mitglied des von Siegmund von Dietrichstein gegründeten Mäßigkeitsordens. Siegmund von Dietrichstein war einer der engsten Gefolgsleute des Kaisers Maximilian I. Nach dem Tod Maximilians 1519 wurde Wilhelm Rumpf von Wullross Mitglied des inneren ständischen Rats und später erster ständischer Burggraf in Klagenfurt. 1520 nahm er als Procurator Siegmunds von Dietrichstein beim Hoftaiding (Gerichtsversammlung des Landesfürsten) in St. Veit an der Glan teil und hatte am Hof des Kaisers Ferdinand I. das hohe Amt eines Truchsess inne. 1533 erhielt er die Heunburg bei Völkermarkt als Pfand. Wilhelm Rumpfs Frau Barbara war die Tochter von Wolfgang II. und Margarethe von Keutschach. Ihr Bruder Leonhard II. von Keutschach wurde von Erzherzog Karl 1565 mit dem hohen Amt des Erblandhofmeisters von Kärnten betraut. Leonhard erbte von seinem Vater Wolfgang und seinem Onkel Siegmund Besitzungen, die ihr Verwandter, der Salzburger Erzbischof Leonhard von Keutschach, für sich und die Verwandten erworben hatte – ein damals beträchtliches Vermögen. Die Familie Keutschach war am Höhepunkt der Macht. Mit Leonhards Tod 1579 begann der wirtschaftliche Abstieg der Adelsfamilie, die bald ihre Landesämter verlor und verarmte.

Barbara Rumpf von Wullross heiratete nach dem Tod ihres Mannes Wilhelm den Grafen Johann Jakob von Gaisruck. Wilhelms Kinder waren Moritz, Barbara, Dorothea und (vermutlich) Wolf Siegmund. Moritz erhielt 1569 Tentschach vom Landesfürsten als Lehen. Von Moritz kam Tentschach 1582 an Hans Pruggmayer, dessen Mutter Gertraud eine geborene Rumpf von Wullross war. Dorothea wurde 1533 Äbtissin des Stiftes St. Georgen am Längsee. Barbara heiratete den reichen Villacher Gewerken und Ratsbürger Wilhelm Neumann, der von der adeligen Familie Ungnad das Schloss Wasserleonburg bei Nötsch im Gailtal kaufte. Er besaß Quecksilbergruben in Idria und Bleigruben in Bleiberg. Von 1516 bis 1518 war er Stadtrichter (Bürgermeister) in Villach. Kaiser Maximilian ernannte ihn 1515 zum Bergrichter in Idria und erlaubte ihm neuerlich die Führung eines Wappens. Neumanns Unternehmen handelte auch mit Textilien, Gewürzen und Glaswaren. Seine Vorfahren stammten aus Weitensfeld. Barbara Neumann galt als „Paradegeschäftsfrau" des 16. Jahrhunderts; ihr wurden Geiz und übersteigertes Besitzstreben nachgesagt. Nach dem Tod ihres Mannes heiratete sie den Adeligen Hans Seenuß, Mitglied einer um 1400 aus Krain zugezogenen Familie, die 1538 geadelt und im Herzogtum Kärnten vermögend und einflussreich wurde. Hans Seenuß war von 1531 bis 1569 Burgamtmann in Villach.

Zwei Nachfahren der Familie Rumpf von Wullross waren bedeutende Persönlichkeiten in der Geschichte Österreichs – Anna Neumann von Wasserleonburg und Wolf Siegmund Freiherr Rumpf von Wullross.

ANNA NEUMANN VON WASSERLEONBURG

Die Tochter von Wilhelm und Barbara Neumann von Wasserleonburg, Anna, ging als vermögende „Herrin von Murau" und wegen ihrer sechs Ehen in die Geschichte ein. Geboren am 25. November 1535 in Villach, verbrachte sie ihre Kindheit auf Schloss Wasserleonburg und heiratete 1557 den vermögenden Hans Jakob Freiherr von Thannhausen, den Bruder des Kärntner Landeshauptmanns. Dieser Ehe entstammten zwei Töchter, Elisabeth und Barbara. Thannhausen starb aber nach knapp dreijähriger Ehe. 1566 heiratete die junge Witwe Christoph von Liechtenstein-Murau, dessen Familie seit drei Jahrhunderten auf der Burg Murau saß. Da Annas Brüder inzwischen ohne Nachkommen verstorben waren, erbte sie 1569 nach dem Tod ihrer Mutter Barbara unter anderem die Kärntner Besitzungen Wasserleonburg, Treffen, Leonstein in Pörtschach und Vordernberg im Gailtal sowie die Bergwerksanteile in Idria und Bleiberg. Anna erwarb 1574 von ihrem Mann und dessen verschuldeten Brüdern die Herrschaft Murau sowie deren Güter in Niederösterreich und im Burgenland. Im Gegensatz zu ihrer geizigen Mutter war Anna sozial eingestellt. Sie ließ 1576 das Spitalsgebäude in Murau erweitern und unterstützte mittellose Menschen. Zwei Jahre nach dem Tod ihres Mannes im Jahr 1580 heiratete Anna einen langjährigen Bekannten und ebenfalls Schuldner der Familie Neumann, Ludwig Freiherr Ungnad von Sonnegg, Sohn des Landeshauptmanns der Steiermark. Ungnad war unter anderem Mundschenk des späteren Königs Maximilians II. und 1570 Burggraf in Klagenfurt. Nach drei Jahren Ehe starb Ludwig in Klagenfurt. Der vierte Ehemann der „Herrin von Murau" war ihr vermögender Gutsnachbar im oberen Murtal, Carl Freiherr von Teuffenbach, den sie 1586 ehelichte. Wie Ludwig Ungnad war auch er evangelisch. Anna vermehrte ihr Vermögen weiter. Als 75-Jährige wurde sie zum vierten Mal Witwe. Die reiche Herrin von Murau hatte viele Neider. Auch der Umstand, dass sie mehrmals Witwe geworden war, gab Anlass zu Spekulationen. Man verleumdete sie als Nymphomanin und ihr wurde vorgeworfen, sie hätte „Hexen" und „Zauberer" zum „Wettermachen" angestiftet, damit sie auf ihren Gütern eine reiche Ernte hätte. Zwei Mal

Anna Neumann von Wasserleonburg: Darstellung im Stadtmuseum Villach.

wurde ein „Hexenprozess“ eingeleitet, die Beschuldigungen reichten aber nicht für eine Verurteilung aus.

Annas ältere Tochter Elisabeth heiratete 1576 den angesehenen Adeligen Leonhard von Kollnitz und nach dessen Tod Christoph Freiherr von Auersperg aus der gefürsteten Linie der Auerspergs. Sie starb am 14. Mai 1592 kinderlos. Die jüngere Tochter Barbara verschied – unverheiratet – bereits am 28. November 1578. Anna hatte trotz mehrfacher Ehen keine weiteren Nachkommen. Daher fasste sie den Entschluss, das große Vermögen einer angesehenen Adelsfamilie weiterzugeben – durch eine weitere Heirat. Der Auserkorene war der 30 Jahre alte Ferdinand Graf zu Ortenburg-Salamanca, den sie nach einem Trauerjahr am 1. November 1611 auf Schloss Murau heiratete. Ferdinands Vater Gabriel, der von Erzherzog Ferdinand mit der Grafschaft Ortenburg in Kärnten belehnt worden war, ließ das heutige Schloss Porcia in Spittal an der Drau errichten. 1616, fünf Jahre nach der Hochzeit, wurde Anna zum fünften Mal Witwe. Nun sollte der Besitz an die Adelsfamilie Schwarzenberg gehen. Die bereits 81-jährige Anna heiratete am 25. Juli 1617 den um fast 50 Jahre jüngeren Reichsgrafen Georg Ludwig zu Schwarzenberg. Vermittelt wurde die Ehe vom Ratgeber des Erzherzogs und späteren Kaisers Ferdinand, Johann Ulrich Freiherr zu Eggenburg. Einen Monat nach der Hochzeit verfügte Anna, dass ihr Mann nach ihrem Tod die Herrschaft Murau erben sollte. Schwarzenberg blieb weiterhin im Dienst des Kaisers Ferdinand, er kehrte erst kurz vor dem Tod seiner Frau nach Murau zurück. Als Anna am 18. Dezember 1623 im hohen Alter von 89 Jahren starb, hinterließ sie ihrem jungen Mann nicht nur großen Besitz, sondern auch erhebliche Forderungen: So schuldeten ihr unter anderem Kaiser Ferdinand II. und der Erzbischof von Salzburg, Marcus Sitticus, hohe Geldsummen.

Als Angehörige des Augsburger Bekenntnisses wurde die Leiche nicht in der katholischen Pfarrkirche Murau begraben, sondern erst einen Monat nach dem Tod in einem Grab in der Elisabeth-Spitalkirche in Murau beigesetzt. Ende des 19. Jahrhunderts wurden die sterblichen Überreste in die Kapuzinerklosterkirche überführt und im Grab ihres letzten Ehemanns Georg Ludwig zu Schwarzenberg bestattet.

WOLF FREIHERR RUMPF VON WULLROSS

Der 1536 geborene Wolf(gang) Siegmund Rumpf von Wullross war vermutlich der Sohn oder Enkel von Wilhelm Rumpf von Wullross und machte Karriere am Hof der Habsburger. Er war Kämmerer der Erzherzöge Rudolf und Ernst, die von 1563 bis 1571 in Spanien erzogen wurden. Mit Adam von Dietrichstein begleitete Wolf die Erzherzöge 1563 auf dem Weg nach Spanien durch das Land. 1574 war er Gesandter Maximilians II. in Spanien und Portugal. 1580 vermittelte Wolf bei einem Vergleich des Erzherzogs Karl mit den steirischen Ständen. Rudolf II., ab 1576 Kaiser des Heiligen Römischen Reiches Deutscher Nation, ernannte ihn zum Geheimrat und zum Oberstkämmerer und übertrug ihm 1580 die Herrschaft Weitra, eine der ertragreichsten Herrschaften im Waldviertel in Niederösterreich. Gleichzeitig ernannte er ihn zum Freiherrn von Weitra. Wolf ließ die Burg Weitra zu einem Renaissance-Schloss umbauen und befestigen. Nach und nach erwarb er weiteren Besitz, darunter die Herrschaften Hirschberg, Hasslau, Gräfenschlag und Kaltenbach. 1589 übertrug ihm Spaniens König Philipp II. eine Kommende in Spanien. 1591 machte Kaiser Rudolf II., der in Prag residierte, den Oberstkämmerer zusätzlich zum Obersthofmeister und damit zum höchsten und mächtigsten „Beamten" des Hofstaates. Zwischendurch übernahm ein anderer Adeliger diese Funktion, im Jahr 1594 wurde Rumpf von Wullross aber endgültig mit diesem Amt betraut, das mit einem hohen Einkommen verbunden war. Die Machtfülle ermöglichte es dem Freiherrn, seinen Besitz auszuweiten. Rudolf II. galt als geisteskrank und wankelmütig; der Kaiser begann, auch seinem loyalen Obersthofmeister zu misstrauen. Es kam zu Spannungen, die schließlich dazu führten, dass Wolf im September 1600 seine Ämter am Kaiserhof verlor und vom Kaiser aufgefordert wurde, die Residenzstadt Prag zu verlassen. Später griff der Kaiser aber nochmals auf den Rat des Freiherrn zurück. Nach dem Tod der ersten Frau, die er 1579 geheiratet hatte, vermählte sich Wolf 1601 ein zweites Mal, seine Frau stammte aus der Grafenfamilie Arco. Wolf starb im Jahr 1606 und wurde in der Augustinerkirche begraben. Franz Grillparzer hat den Freiherrn als Figur „Wolf Rumpf, des Kaisers Kämmerer" in seinem Theaterstück „Ein Bruderzwist in Habsburg" verewigt. Wolfs Witwe heiratete den aus Schwaben stammenden Grafen Friedrich von Fürstenberg-Heiligenberg, der die Herrschaft Weitra übernahm. Das Schloss Weitra befindet sich heute im Besitz eine Nebenlinie der Adelsfamilie Fürstenberg.

MANDORFER UND STAUDACHER AUF WULLROSS

Die Burg Wullross wurde Ende des 15. Jahrhunderts vom Gurker Bischof für kurze Zeit an den Söldnerführer Andrä „Katzanderl" Berger als Lehen vergeben. Danach ging die Herrschaft an Burkhart Muntpratt, der aus Schwaben stammte. Zu Beginn des 16. Jahrhunderts kam Wullross an die Manndorfer und danach an die Herren von Staudach, die im Dienst des Gurker Bischofs standen. Die Mandorfer oder Staudacher dürften neben der alten Burg das schlossartige Gebäude errichtet haben, möglicherweise war aber ein früherer Besitzer Erbauer des Schlosses. 1573 wurde der Neubau als „Schloss Wuollros" erwähnt. 1666 bezeichnete sich Konrad von Staudach als „Herr auf Wullross und Dalling". Die Barbara-Kapelle im Schloss Wullross wurde 1578 urkundlich erwähnt. Die Staudacher auf Wullross (und Meiselding) waren protestantisch. Sie strengten ein bis 1621 währendes Gerichtsverfahren gegen das Bistum Gurk an. Das Wappen der Staudacher auf Wullross ziert eine Jakobsmuschel, die auch auf dem Flügelaltar von Flitschl bei Tarvis vorkommt und auf die Stifter hinweist.

Um 1701 kaufte Franz Kampl das Gut Wullross oder zumindest das Inventar des Schlosses von den Erben der Familien Ritsch und Thalheim. Die alte Burg war damals schon verfallen. Die Familie Kampl wurde später mit Bergbau wohlhabend. 1747 erwarb der Industrielle Ferdinand von Egger das Anwesen. Er war vor allem am Waldbesitz interessiert. Die wenigen „Untertanen“ wurden in die Herrschaft Siebenaich eingegliedert. Wullross wurde später von der Herrschaft St. Georgen am Längsee aus verwaltet. Egger hatte St. Georgen nach der Klosteraufhebung erworben. 1818 wurde das Schloss Wullross vom Blitz getroffen und der Dachstuhl brannte aus. Die Mauern wurden mit einem Notdach geschützt, das aber 1820 einstürzte; die Bauten verfielen rasch. Heute stehen noch Mauerreste der Burg und des Schlosses. Gebäudeteile, Gräben und Erdwälle lassen auf das Ausmaß der ehemaligen Festung im Wimitztal schließen. Die ehemalige Herrschaft Wullross befindet sich heute im Eigentum der Österreichischen Bundesforste.

ROMANISCHE KIRCHE WULLROSS

Die romanische Kirche St. Thomas am Wullross befindet sich nicht beim ehemaligen Schloss, sondern beim Forsthaus Wullross. Sie wurde 1362 erstmals urkundlich erwähnt, ist aber viel älter. Das kleine Gotteshaus war eine Filialkirche von Zammelsberg. Deren Pfarrer waren aufgrund eines alten Stiftsbriefs viermal in der Woche zur Abhaltung des Gottesdienstes verpflichtet. Nach einem Brand 1558 wurde das Kirchlein wieder aufgebaut. 1836 erfolgte die Weihe des neuen Friedhofs bei der Wullrosser Kirche, er wird aber seit 1916 nicht mehr benützt.

Ein Räuberhauptmann im Gurktal

Die Geschichte des Räuberhauptmanns Simon Kramer, genannt „Krapfenbäck Simale“ ist bezeichnend für die wirtschaftliche, soziale und rechtliche Situation Ende des 18. Jahrhunderts in Kärnten. Die Armut schaffte viele Räuber und Diebe, die Kriminalität war hoch. Ein geordnetes Polizeiwesen gab es nicht, das Rechtssystem stützte sich auf die Theresianische Halsgerichtsordnung aus dem Jahr 1769. Auch nach der offiziellen Abschaffung der Folter wurden Festgenommene schwer misshandelt. Neben der Todesstrafe waren Körperstrafen üblich. Erst später wurden vermehrt langjährige Kerkerstrafen verhängt. Die hohe Gerichtsbarkeit („Blutgerichtsbarkeit“) im Gurktal stand dem Bischof von Gurk zu.

Simon Kramer trieb auch im Gurktal und Wimitztal sein Unwesen. Sein Image als Kärntner „Robin Hood“, der den Reichen nahm und den Armen gab, bzw. als Kämpfer gegen die französischen Besatzer, stimmte nicht mit der Wirklichkeit überein. Simon Kramer wurde aus eigennützigen Motiven kriminell und beteiligte sich schon als Jugendlicher an Diebstählen und Raubzügen. Die Beute war meist gering, oft bestand sie aus Nahrungsmitteln und Kleidung. Kramers „Spezialität“ waren Überfälle in der Nacht oder Diebstouren auf Bauernhöfen an Sonntagvormittagen, wenn die Bauersleute in der Kirche waren.

In einigen Werken wird Simon Kramer als „Bäckersohn aus Weitensfeld“ bezeichnet, so auch in der Gemeindechronik von St. Urban. Tatsächlich stammte der Spitzname von der „Krapfenböck“-Keusche, die sein Vater besaß. Kramer war mehrmals in Weitensfeld. Einmal brachte er mit einem Fuhrwerk Zwetschken nach Weitensfeld, um sie hier zu verkaufen; das Pferd hatte ein Komplize auf dem Alten Platz in Klagenfurt gestohlen. Am 22. Juni 1807 zechte „Krapfenbäck Simale“ mit seinem Komplizen Philipp Schuster, genannt „Lipp“, in einem

Gasthaus in Weitensfeld. Am Vortag hatten die beiden Männer in der Nähe von Neumarkt einen Bauern überfallen und ihm unter anderem 228 Gulden geraubt. In Weitensfeld war „Endstation“: Die beiden Räuber wurden aufgegriffen und in den Arrest des Marktgerichts Weitensfeld gesperrt. Kramer und Schuster hatten noch Geld und Gegenstände bei sich, die vom Überfall in Neumarkt und von einem Raub in Brückl stammten. Simon Kramer konnte in der Nacht auf den 26. Juni aus dem „Gemeindekotter“ flüchten. Es gelang ihm, mit einem schmalen Brett das Schloss seines Fußeisens abzudrehen. Danach brach er den morschen Fußboden auf, schlug ein Loch in die schwache Mauer und gelangte ins Freie. Er tauchte im Raum Villach unter. Sein Komplize Lipp blieb in der Zelle, er wurde am nächsten Tag in das Landgericht Albeck überstellt und am 7. Dezember in das Landgericht Straßburg gebracht, weil man einen Befreiungsversuch durch Simon Kramer befürchtete. Dieser hatte knapp drei Wochen vorher seine Freundin Juliana aus dem Arrest im Schloss Mageregg bei Klagenfurt befreit. Sie war mit zwei Tiroler Komplizen verhaftet und in den Arrest gesteckt worden, bewacht von zwei unbewaffneten Bauern. Kramer und einige Freunde verschafften sich am Vormittag des 19. November 1807 unter einem Vorwand Zugang zum Kerkerraum, überwältigten die beiden Wächter und die Amtsdienerin. Kramer schlug die Fußeisen seiner Freundin ab und flüchtete mit ihr.

BERÜCHTIGTER „RÄUBERHAUPTMANN“

Simon Kramer war zu dieser Zeit bereits als „Räuberhauptmann“ bekannt und gefürchtet. Er wurde im Jänner 1785 in der „Rinderkeische“ in Möderndorf im Zollfeld geboren und am 16. Jänner 1785 vom Tanzenberger Kooperator getauft. Sein Vater Sebastian Kramer war Besitzer der „Krapfenböck“-Keusche in der Nähe von Pörtschach an der Straße nach St. Veit bei der Abzweigung nach Möderndorf. Die Familie ließ sich später in St. Veit an der Glan nieder und wohnte in einem Haus in der Bräuhausgasse 19.

Räuberhauptmann Simon Kramer: Bild an der Außenmauer der alten Schule auf der Wegscheide.

Schon als Jugendlicher beteiligte sich Simon Kramer bei Diebstählen und Raubzügen. Er sagte später vor Gericht aus, bei seinem Vater hätten sich Diebe und Räuber versteckt, er habe sie reden hören; sein Vater habe ihm einen Dietrich in die Hand gedrückt und gesagt, er solle davon Gebrauch machen. Simons Freundin Juliana Regenfelder, Tochter eines Kürschners in Sörg, arbeitete schon mit 10 Jahren als Dienstmagd auf Bauernhöfen, brachte ein Kind zur Welt, und lernte schließlich den wesentlich jüngeren Kramer kennen.

Viele Komplizen Kramers stammten aus desolaten Verhältnissen und mussten schon als Kinder arbeiten. Die Bauern hatten das Recht, Adoptivkinder auszubeuten, als „Entschädigung für die Kosten", wie es in einem Hofdekret hieß. Diebe und Räuber wurden von den Einheimischen oft versteckt. Es gab viele Deserteure und Herumtreiber.

Nach der Flucht im Gurktal ließ sich Kriminalrichter Ferdinand von Litzelhofen die Personsbeschreibung des Simerl vom Marktgericht Weitensfeld zusenden und fertigte einen Steckbrief an – den wahrscheinlich ersten über Simon Kramer:

„Personsbeschreibung: Eines herumstreichenden, sehr diebsgefährlichen Burschen, der Krapfenbacker Simele genannt, welcher mit dem hier verhafteten berüchtigten Dieb Laurenz Strauß gemeinhin Priditsch in einer Verbindung zu seyn beinzichtigt wird.

Dieser Mensch ist aus der hierländischen Stadt St. Veit gebürtig, bei 20 Jahre alt, und zimlich grosser untersezter Statur, hat ein rundes, gut gefarbtes Angesicht, schwarze Augen, braune Haare und einwärts gebogene Knie.

Am Leibe trug er lezthin ein kurzes braunes Jankerl, ein blaulich zeugenes Leibl, schwarzlederne kurze Hosen, Stiefel und einen runden hohgupfigen Hut.“

Der vom Bistum Gurk im Landgericht Albeck eingesetzte Gerichtspfleger Josef Marx hatte erfahren, dass sich Mitglieder der Kramer-Diebsbande öfters an der Wegscheide bei Hoch St. Paul, *„dann am Zamelsberg im Burgfried Wullroß, besonders in der Kreuzwirth-Keusche, aufhilten.“* Diese Gegenden wurden am 13. und 14. Dezember abgesucht. Zwei Wochen später, am 30. Dezember 1807, wurde Simon Kramer in einem Wirtshaus beim verbotenen Kartenspiel gefasst. Er wehrte sich, ein Amtsdiener wurde dabei leicht verletzt. Am 2. Jänner 1808 wurde der Steckbrief widerrufen. Am 9. Jänner brachte man Kramer in das Landgericht Klagenfurt, vier Tage später begann die Untersuchung. Auch einige Komplizen Kramers wurden nach Klagenfurt überstellt. Seine Geliebte Juliana Regenfelder wurde am 16. April in der Nähe von Althofen festgenommen.

Ende 1808 schloss das Klagenfurter Kriminalgericht die Untersuchung ab. Zahlreiche Mittäter und Mitwisser, darunter Kramers Vater, wurden angeklagt; einige waren bereits verurteilt worden. Insgesamt zählte das Gericht dreiundvierzig Personen zum Kreis des Simon Kramer. Fünfunddreißig Straftaten in den Jahren 1806 und 1807 wurden dem Räuberhauptmann vorgeworfen, darunter acht Raubüberfälle und dreiundzwanzig Diebstähle. Dazu kamen ein Mord, ein Raub und weitere sechs Diebstähle, an denen seine Komplizen beteiligt waren. Bei einem großen Teil der Diebstähle wurden lediglich Speck, Fleisch und andere Lebensmittel erbeutet sowie Kleidungsstücke. Simerl und einige Komplizen überfielen unter anderem zwei nicht besonders begüterte Bauern in Sörg auf brutale Weise und drangen in der Nacht des 17. November 1807 in den Pfarrhof Außerteuchen ein. Dort überwältigten sie die Magd und stahlen 250 Gulden. Ein Gulden entsprach damals dem Wert von etwa fünf Euro.

Das Kriminalgericht als erste Instanz verurteilte Kramer zu lebenslangem, schweren Kerker, verbunden mit öffentlicher Arbeit in Eisen und Ausstellung auf der Schandbühne. Der gewalttätige Klement Obernosterer, der bei den Raubzügen die treibende Kraft war und eine Frau erschlagen hatte, wurde zum Tod durch den Strang verurteilt. Das Appellationsgericht änderte das Todesurteil in lebenslangen, schweren Kerker. Simon Kramer und seine „Julerl“ konnten am 23. Februar 1809 aus dem Kriminalgericht Klagenfurt flüchten. Tags darauf veröffentlichte die k. k. Kärntner Polizeidirektion in Klagenfurt einen Steckbrief mit der Personsbeschreibung der beiden Geflüchteten. Zwei Komplizen Kramers konnten später aus dem Gefängnis ausbrechen. Die französischen Besatzer hatten aus „Fortifikationsrücksichten“ angeordnet, Teile der Befestigungsanlagen und einige andere Gebäude in Klagenfurt und vor der Stadt zu sprengen, unter anderem das auf dem heutigen Waagplatz gelegene Kriminalarresthaus. Die Häftlinge mussten innerhalb von vierundzwanzig Stunden verlegt werden. Sie kamen in das Militärstockhaus der Stadtkaserne am heutigen Domplatz. Als der Kerkermeister am 6. September 1809 in der Früh die Zellen kontrollierte, waren die beiden Mittäter des Räuberhauptmanns und drei andere Häftlinge verschwunden. Sie hatten mit Nägeln aus einem Brettergestell die nur etwa dreißig Zentimeter dicke Mauer des Gefängnisses durchbrochen und waren nach dem Öffnen der Stadttore um sechs Uhr früh aus Klagenfurt geflüchtet.

Simerl Kramer dürfte nach seiner neuerlichen Flucht aus dem Gefängnis weiterhin Diebstähle und Raubüberfälle begangen haben. In einigen Sagen wird Kramer als „Räuber vom Wolschartwald“ genannt. Nicht gesichert sind auch Überlieferungen, Simerl habe Überfälle auf die französischen Besatzer verübt und die Kriegskasse geraubt. Nach einem Überfall auf einen französischen Korporal im Wolschartwald Anfang September 1809 brachte Landgerichtspfleger Lackner in Erfahrung, die Täter seien *„der berüchtigte Verbrecher Krapfenbäck Simmerl mit seinen Laster Gespänen, die bekanntermaßen bald hier, bald da ihr Wesen auf der Strassen treiben, und besonders auf Reisende lauern.“* Ein ähnlicher Überfall ereignete sich kurze Zeit später zwischen Velden und Villach.

Die französischen Besatzer setzten daraufhin die Landesadministration unter Druck. In einem Aushang „an die Bewohner von Kärnten“, datiert mit 17. September 1809, wurde die Bevölkerung vom Divisionsgeneral Freiherr von Rusca aufgefordert, Überfälle auf französische Soldaten sofort zu melden, ansonsten drohten Vergeltungsmaßnahmen: *„Diese Frevelthaten müssen in ihrer Geburt erstickt und mit der Wurzel ausgerottet werden; und um diesen Zweck zu erreichen, sehe ich mich nothgedrungen euer Schicksal mit dem ihrigen zu verbinden; eine Maßregel, welche zwar die Strenge eingiebt, welche aber das Wohl der Reisenden erfordert, und eure Gleichgültigkeit dabei, nothwendig macht.*

In Folge dieses benachrichtige ich euch, daß so oft ein Militärist oder Beamte von der Armee; oder aber ein Kourier oder Reisende auf den Strassen der Provinz, entweder übel behandelt, oder gewaltsam angegriffen und bestohlen werden wird, die Gemeinde auf deren Gebieth das Verbrechen begangen worden ist, mit militärischer Exekution belegt werden solle. Indeß aber werde ich aus jenen Gegenden, allwo ein dergleichen Ereignis sich zugetragen hat, Geißeln ausheben; und auf diese werden die Strafen jener Verbrechen fallen, welche in diesen Tagen begangen werden, falls in einem Zeitraum von 14 Tagen die Schuldigen durch euer Bestreben nicht entdeckt und festgesetzt worden seien.“

TOD AUF DER WEGSCHEIDE

Simon Kramer dürfte sich nach seiner Flucht wieder im Gurktaler Raum aufgehalten haben. Anton Lackner, Pfleger der Landgerichte Kraig und Nussberg bei St. Veit an der Glan, erhielt Hinweise, dass sich der Räuberhauptmann in den Bergen südlich des Wimitzgrabens aufhalten sollte. Lackner stellte eine Landgerichtswache zusammen und durchsuchte mit seinen Leuten am 17. September 1809 Hütten, Schupfen und Keuschen in dieser Gegend. Gegen 22 Uhr kam die Wache zum Gasthaus Wegscheider bei Hoch St. Paul. Im Gastzimmer spielten einige Burschen Karten, andere sahen ihnen zu, unter anderem der gesuchte Simon Kramer. Landgerichtspfleger Lackner schrieb die folgenden Ereignisse in einem Rechtfertigungsbericht nieder: *„Gleich beim Eintritt erkannte ich den berüchtigten Mörder und Strassenräuber-Anführer Simon Kramer … Ich ergriff den Missethäter rasch und entschlossen bei der Brust, rufte ihn zu, sich nicht zu rühren, sich der anwesenden Gerichtswache zu ergeben, als in widrigen, wenn er zu entweichen, zu Waffen greifen oder gar sich zur Gegenwehr zu rüsten Mühen machen werde, ich ihn auf der Stelle erschüssen lassen werde.“* Laut Lackner hätte Kramer ihn sofort weggestoßen, ein Messer aus der Tasche gezogen und wäre auf die Wache losgegangen. *„So verschwand alle Hoffnung, den Missethäter lebendig oder auch nur schwer verwundet zur Bahre zu bringen. Wenn nicht im Augenblicke, während er mich und meinen Nebenmann auf die Seite schmieß, sein Stillet zog und sich damit in den Haufen werfen wollte, ein Schuß von den unsrigen Wächtern gefallen wäre, der ihn an der rechten Seite des Halses getroffen und ihn zu Boden fallen machte, so wären nicht einer oder der andere sondern die meisten von uns unglücklich entweder schwer verwundet oder gar tod gestochen worden“*, heißt es im Bericht Lackners. Die Bleikugel riss eine große Wunde in den Hals des 24-jährigen Simon Kramer. Der berüchtigte Kärntner Räuber verblutete in der Wirtsstube.

Lackner und seine Wache erhielten 100 Gulden, die als Belohnung auf die Ergreifung Kramers ausgesetzt waren; die Landesadministration versicherte dem Landesgerichtspfleger *„die diesseitige vollkommene Zufriedenheit mit seinem ebenso klugen als muthvollen Benehmen."* In Klagenfurt befahl General Freiherr von Rusca, *„daß der todte Körper hieher verschafft, auf der Strasse zwischen hier und Maria Saal unfern des Weges ein Galgen errichtet, und auf selben der todte Körper aufgehangen, daneben ein Pfahl errichtet, auf selben der Nahmen dieses Verbrechers mit Benennung des Orts seiner Anhaltung resp. Tödtung und mit ausdrücklichen Beisatz, daß dies auf Befehl des Herrn Generals geschehe, aufgestellt werde."*

Am 19. September wurde der Leichnam nach Klagenfurt verschafft, am nächsten Tag hängten ihn die Franzosen auf dem Galgenbichl bei Annabichl auf. Der Tote dürfte mehrere Tage zur Abschreckung am Galgen gehangen haben. Mit dem Tod des Räuberhauptmanns Simon Kramers endete eine große Bedrohung in Kärnten. Nach und nach wurden seine Komplizen verurteilt; auch die Wirtsleute vom Wegscheiderwirt wurden wegen des Verdachts der Hehlerei festgenommen, sie dürften aber nur wenige Monate eingekerkert gewesen sein. Kramers Freundin Juliane Regenfelder starb am 14. Dezember 1832 in der Pfarre Sörg 60-jährig an einem Schlaganfall.

Schloss Thurnhof: Juwel des Gurktals

Am Waldrand von Zweinitz befindet sich das kleine Schloss Thurnhof. Das an einen gotischen Wehrturm angebaute, fast rechteckige Schloss mit den drei Ecktürmchen besteht aus drei Stockwerken. Unter dem Dach gibt es eine weitere, allerdings niedrigere Etage mit kleinen Fenstern. Dieses Dachgeschoß diente früher als Speicher. Über dem Renaissanceportal an der Nordseite ist unter einem kleinen Holzdach ein Fresko, das zwei Soldaten zeigt, einen davon in türkischer Kleidung, sowie die Jahreszahl 1585, vermutlich das Jahr der Fertigstellung des Schlossgebäudes. Zwischen den Figuren befinden sich in einem Relief die Wappen der Familien Jochner und Raidhaupt. An der Nord- und an der Südseite sind jeweils ein Renaissancefenster erhalten. Unter dem Schloss stehen die Reste einer Zinnenmauer.

In Thurnhof dürfte schon im frühen 12. Jahrhundert eine Befestigungsanlage gestanden haben, die als „Turm" bezeichnet wurde. Später setzte sich der Name „Pregrad" (auch „Prägrad") durch. Der slawische Name bedeutet „Vorburg" bzw. „Gebiet vor der Burg". Das deutet darauf hin, dass ein zweites Bauwerk bestanden haben könnte, es gibt aber davon keine Spuren. Erstmals erwähnt wurde die Burg in einer Urkunde des Gurker Bischofs Roman I. vom 25. März 1140. Roman I. († 1167) war der dritte Bischof von Gurk und ließ unter anderem den Gurker Dom und das Schloss Straßburg errichten. Im Jahr 1178 wurden ein Meinhalm de Pregrad und sein Sohn Herbort urkundlich erwähnt. Beide verwalteten als Gurker Ministeriale die bischöflichen Waldgebiete. Einige Ministeriale nannten sich nach dem Turm „de Turris". 1246 und 1269 scheint ein Engelbert de Turris in Urkunden auf.

Im 14. und 15. Jahrhundert war der Turm im Besitz verschiedener Amtmänner und Anwälte des Domstiftes Gurk. Die bedeutendste Ministerialenfamilie in diesen beiden Jahrhunderten war die Familie Hofman, die sich auch „von Wald“ nannte. Der Name rührt von der Funktionsbezeichnung „Hofamann“ her. Das war der Verwalter („Amann“) eines größeren Hofes. Ahnherr der Familie war Jakob, Hofaman von Gurk, auch „Jacob de Wald“ genannt. Im Jahr 1359 erwarb Gottfried Hofman den Hälfteanteil seiner Schwester Katharina von Fohnsdorf und war damit Alleinbesitzer von Pregrad. Gottfried hatte drei Söhne: Wilhelm, Konrad und Siegmund. Wilhelm war ab 1398 Dechant von Gurk. Er stiftete für die Pfarrkirche in Zweinitz fünf Huben. Andere Mitglieder der Familie Hofman hatten nicht unbedeutende Ämter inne: So war Martin Hofman von 1385 bis 1390 Burggraf auf Hochkraig.

1455 erhielt Liebhart Hofman von Pregrad den Turm in Zweinitz samt den zwei darunter gelegenen Höfen und anderen Gütern von Bischof Ulrich Sonnenberger als Lehen. Liebhart war um 1466 auch Landrichter im Gurktal. Er und sein Bruder Wilhelm verkauften ihre Gurker Lehensgüter, die später zu einem kleineren Teil an Erasmus Liebhart kamen, dem Sohn von Liebhart Hofman. Dieser verkaufte den Besitz an seinen Bruder Chunrat Liebhart, Domherr zu Gurk, der die Güter an den Gurker Bischof weitergab. Das Wappen der Familie Hofman zeigte ein freistehendes Rind.

In der zweiten Hälfte des 16. Jahrhunderts kam Pregrad in den Besitz der aus dem Lungau zugezogenen Familie Jochner, die sich danach „von Pregrad“ nannte. Veit Jochner von Pregrad, Amtmann und Anwalt des Domstiftes Gurk, besaß die Herrschaft bis 1618. Er ließ den Turm, einen aus Ende des 14. Jahrhunderts stammenden Bergfried, adaptieren und anstelle des zerstörten Palas ein Schloss anbauen, das um 1585 fertiggestellt wurde. Jochner war mit Barbara, geb. Raidhaupt, verheiratet, deshalb befinden sich die Wappen beider Familien über dem Portal zum Schloss. Jochner hatte bei der Übernahme von Pregrad das freistehende Rind im Wappen der Familie Hofman als Teil seines Wappens übernommen. Veit Jochners Sohn Christoph musste aber schon 1619 die Herrschaft Pregrad wegen hoher Schulden wieder an den Bischof von Gurk veräußern.

Um 1700 gelangte das Gut an die Familie Egger. Der aus Leoben stammende Paul Egger jun. (1658–1733) hatte einen Hochofen in Treibach und Erzgruben in Hüttenberg erworben und den Aufstieg der Familie zu einer der bedeutendsten Eisenindustriellen-Dynastien in Kärnten begründet. Paul Egger ließ das Schloss Thurnhof umgestalten – damals dürfte das Bauwerk das heutige Aussehen erhalten haben.

Nach dem Niedergang der Bergwerks- und Hüttenindustrie in Kärnten in der zweiten Hälfte des 19. Jahrhunderts veräußerte die 1785 in den Grafenstand erhobene Familie Egger eine Reihe ihrer Betriebe und Güter. Das Treibacher Werksgelände und ein großer Teil des Grundbesitzes, darunter Thurnhof, ging an die Holzfirma Ujlaky-Hirschler & Sohn. Im Jahr 1899 erwarb der Holzindustrielle Karl Funder das Gut Thurnhof. 1980 übernahm Karl Funder den Besitzanteil von Adolf Funder.

Am 26. September 1989 erwarb Franz Wilhelm Treppo das Schloss Thurnhof. Seine Mutter stammte aus der Mölltaler Familie Aicher von Aichenegg. Ein bedeutender Vertreter dieser Familie, der Notar, Hof- und Gerichtsadvokat Joseph Aicher von Aichenegg (1848–1899), besaß unter anderem den Mautturm Winklern und die Herrschaft Großkirchheim, zu der das Großglockner-Gebiet auf der Kärntner Seite mit dem Pasterzengletscher gehörte. Seine 1884 geborene Tochter und Teilerbin Maria heiratete den Holzindustriellen Albert Wirth. Dieser gilt als Pionier der Nationalpark-Idee, indem er 1914 von seinen Schwägerinnen deren Anteile am Großglockner-Besitz erwarb und das Gebiet 1918 dem Deutschen Alpenverein mit der Auflage schenkte, es vor weiterer Erschließung zu schützen.

DAS NEUE „SCHLOSS PREGRAD"

Als der bedeutende Topograph und Historiker Johann Weichard Valvasor Freiherr zu Galleneck und Neudorff (1641–1693) Ende des 17. Jahrhunderts das Gurktal bereiste und Zeichnungen und Skizzen von Burgen, Schlössern und Orten anfertigte, zeichnete er im Jahr 1681 auch das Schloss Thurnhof, das er fälschlicherweise als „Pregern“ bezeichnete. *„Das Schloss Pregern ligt im Gurgger Viertheil / zwischen Gurgg und Weittensfeld / auf einer zimlichen Höhe / an einem lustigen Ort. Gehört dem Erz-Bistum Salzburg“*, beschrieb Valvasor das kleine Schloss in Zweinitz. Seine Skizzen wurden unter anderem von Andreas Trost in Kupferstichen verarbeitet, die 1688 in der „Topographia Archiducatus Carinthiae antiquae & modernae completa“ und in anderen Werken abgedruckt wurden; Valvasors grafische Sammlung wurde in der 17-bändigen „Inconotheca Valvasoriana“ zusammengefasst. Auf Valvasors Zeichnung befinden sich neben dem Schloss Thurnhof weitere Gebäude, unter anderem ein Torbau und ein Herrenhaus, vermutlich das Pflegerhaus. Wann diese Gebäude verschwanden, ist nicht bekannt.

Thurnhof-Besitzer Franz Wilhelm Treppo ließ in Anlehnung an den Valvasor-Stich neben dem Schloss zwischen 1995 und 2000 ein Herrenhaus errichten, genannt „Pregrad“. Über dem Eingang hat Treppo ein Wappen angebracht, das aus Elementen der Wappen der Familien seiner Frau Ruth (Stacher aus Thurgau) und seiner Mutter (Aicher von Aichenegg) zusammengesetzt ist.

FRESKEN IN DER ROMANISCHEN KIRCHE

Der Ort Zweinitz unter dem Schloss Thurnhof bestand bereits im frühen 12. Jahrhundert. Der Name Zweinitz leitet sich laut dem Ortsnamenforscher Eberhard Kranzmayer vom slowenischen Wort „Svinica“ (Bleibach) oder „Svinjica“ (Saubach) ab, wobei „Bleibach“ wahrscheinlicher ist, da im Raum Zweinitz bis ins 18. Jahrhundert Blei abgebaut wurde. 1144 wird der Ort als „Zwinze“ und 1300 als „Zweinz“ genannt.

Die Kirche in Zweinitz gilt als Gründung der Hemma von Gurk und war ursprünglich den beiden Heiligen Ägydius und Laurentius geweiht. 1169 wurde die Kirche als „ecclesia sancti Egidii“ (Kirche des heiligen Ägyd) erwähnt. Heute ist der heilige Ägyd alleiniger Pfarrpatron. Zweinitz war keine „Urpfarre“

im Bistum Gurk wie Glödnitz, Altenmarkt (der frühere Ort Weitensfeld) und Zammelsberg, sondern eine Filialkirche von Altenmarkt. Noch im 12. Jahrhundert wurde Zweinitz eine eigene Pfarre. In einer Urkunde des Gurker Bischofs Roman II. aus dem Jahr 1178 ist als Pfarrer in Zweinitz ein „Ernestus" genannt. Um 1326 war ein „Perthold" hier Pfarrer. Die romanische Kirche wurde im Jahr 1354 bei einem Brand schwer beschädigt. Der Wiederaufbau war durch großzügige Spenden möglich. Die Spender erhielten einen „Ablass" ihrer Sünden. Im späten 15. Jahrhundert wurde die Kirche befestigt, um einfallende Türkenhorden abzuwehren. Es entstand eine hohe Ringmauer, die aber um 1588 wieder abgerissen wurde. Beim Erdbeben 1691 wurde die Kirche beschädigt. Der 1424 verstorbene Domdechant Wilhelm von Gurk überließ der Zweinitzer Kirche eine Reihe von Stiftungen. Über lange Zeit hatten Gurker Domherren die Pfarre inne, sie wohnten aber nicht in Zweinitz und ließen sich von einem Vikar vertreten. Um die Pfarre attraktiver zu machen, bemühte sich das Gurker Domkapitel um 1780 um eine Aufstockung der Gebühren für Taufen, Hochzeiten und Begräbnisse. Die Zweinitzer waren aber gegen eine Gebührenerhöhung. 1781 wurde Zweinitz zur selbstständigen Pfarre erhoben.

In den Kriegsjahren 1940 bis 1942 wurden in der Kirche Fresken aus der Zeit um 1400 freigelegt. Das Fresko an der Nordseite des Langhauses zeigt den „Zug der Heiligen Drei Könige". Im Hintergrund sind Burgen auf Bergen abgebildet. An der Südseite ist eine Madonna mit Kind zu sehen, rechts davon der heilige Leonhard und die heilige Hemma mit einem Modell des Gurker Doms. Daneben befinden sich die Abbilder der heiligen Kunigunde und des heiligen Georg. Darunter sind weitere Personen abgebildet, vermutlich Stifter der Kirche. Das Wappen mit dem Rind ist jenes des Ministerialen Hofman von Wald, der die Fresken gestiftet hat. Die Apsis hinter dem Hauptaltar ist reich ausgemalt, darunter befinden sich Abbildungen von Christus und den Aposteln. Die Fresken in der Zweinitzer Kirche stammen vom „Meister Heinrich" aus Graz. Dessen Unterschrift wurde bei der Freilegung der Fresken über dem Bogenscheitel der Apsisöffnung entdeckt. Heinrich schuf auch das Fresko der Vierundzwanzig Ältesten im Gurker Dom. Im Zuge der Restaurierung von 1940 bis 1942 wurden zwei Barockaltäre aus dem 17. Jahrhundert entfernt. Einen Barockaltar erhielt die Pfarre Gallizien und die Kanzel kam in die Viktringer Stiftskirche. Von 1983 bis 1985 wurde das Dach der Zweinitzer Pfarrkirche erneuert und 1991/92 wurde die Kirche innen renoviert. Seit 1985 hat Zweinitz keinen eigenen Pfarrer mehr.

Hinter der Pfarrkirche steht die gotische Friedhofskapelle. Sie diente auch als Karner und wurde erstmals 1408 urkundlich erwähnt. Im Jahr 1616 wurde sie erneuert. Die dem heiligen Michael und der heiligen Maria geweihte Friedhofskapelle wurde 1994/95 restauriert. In der Kapelle befindet sich eine Gnadenstatue der Maria mit dem Kind aus der Mitte des 15. Jahrhunderts.

„Aufgschaut“: Kugelwerfen und Kugelschlagen

Bei der Abzweigung von der Gurktaler Bundesstraße nach Deutsch-Griffen steht eine Holzkonstruktion, mit dem Deutsch-Griffen und die Hochrindl als Tourismusgebiet beworben werden soll. Daneben steht ein Steinbrunnen, auf dem eine große Steinkugel aufgesetzt ist, die das traditionelle Kugelwerfen in Deutsch-Griffen am Ostermontag und in den darauffolgenden Wochenenden symbolisiert. Es handelt sich um einen jahrhundertealten Osterbrauch.

Im Frühjahr graben die Deutsch-Griffner Kugelwerfer kleine Birkenstämme aus und schnitzen daraus faustgroße Kugeln. Dann bohren sie drei oder vier Löcher in die Holzkugel und füllen sie mit flüssigem Blei aus. Die Kugeln werden so zwischen 300 und 400 Gramm schwer. Zwei Mannschaften („Marschaften“) treten gegeneinander an. Jeder darf mitmachen. Die beiden Mannschaftsführer („Mare“) wählen die ihrer Meinung nach besten Spieler aus. Mit dem Warnruf „Aufgschaut“ beginnen die Mare mit dem „Anwerfen“. Die Kugel muss dabei möglichst weit geworfen werden, darf aber nicht von der vorgegebenen Wegstrecke abweichen. Kommt die Kugel abseits der etwa fünf bis acht Kilometer langen Strecke zum Stehen, gibt es für diesen „Ausstuch“ einen Strafpunkt. Für jeden Strafpunkt wird in den Haselstock der betroffenen Marschaft eine Kerbe geschnitten. Kommt der zweite Mar seinem Gegner mit zwei Würfen nicht nach, gilt dies als „Mulle“ und bedeutet zwei Kerben. Nach den Maren werfen abwechselnd die anderen Mitglieder der Mannschaften. Zwei Mal auf der Wegstrecke und im Ziel gibt es zusätzlich Zielwurfbewerbe. Sind beide Teams mit ihrer Kugel im Ziel, werden die Kerben gezählt. Die Marschaft, die mehr Kerben hat, muss dem Gegner beim anschließenden geselligen Beisammensein die Getränke zahlen.

In Zweinitz findet jedes Jahr am Ostersonntag das Kugelschlagen statt. Die Holzkugel wird nicht wie in Deutsch-Griffen geworfen, sondern mit einem Schläger weiterbefördert. Der Holzschläger besteht aus einem Stück Hartholz (Kolm), in den der Stamm eines Fichtenbäumchens als Stiel gesteckt wird. Die Strecke geht vom Ort Zweinitz zum „Unteren Brünner". Das Regelwerk ist komplizierter als beim Kugelwerfen.

Franz Sartori, der 1807 Kärnten bereist hatte, berichtete in seinem Werk „Neueste Reise durch Österreich ob und unter der Ens, Salzburg, Berchtesgaden, Kärnthen und Steyermark" über das Kugelschlagen: *„Eine beinerne Kugel, die an einem Faden hängt, oder zwischen zwey Fingern, in die Höhe gehalten wird, bekommt durch einen breiten Prügel einen so starken Schlag, daß sie weit hinwegfährt. Es wird eine halbe Stundes Wegs, oder auch Stunde angenommen. Wer mit der Kugel die gleiche Richtung des Weges gehält; wer die wenigsten Schläge thut, und also seine Kugel mit größerer Stärke weiter hinwegschlägt, und auf diese Art der erste das Ziel erreicht, hat gewonnen. Je mehr Schläge der Ueberwundene hat mehr machen müssen, so viel Groschen oder zwey Groschen muß er bezahlen. Der Schlag, der die Kugel über einen Zaun oder aufs Feld bringt, hat keine Gültigkeit. Groß ist die Hitze der wetteifernden Parteyen. In einer Art dieses Spieles finden wir im Ovid den Apollo und Haycinth begriffen."*

Das Kugelwerfen und Kugelschlagen als Osterbrauch gibt es nur im Gurktal und wird nicht nur in Deutsch-Griffen und Zweinitz, sondern auch in St. Andrä, Altenmarkt, Glödnitz und Wachsenberg ausgeübt.

Im Nockgebiet hat sich eine abgewandelte Form des österlichen Kugelwerfens bzw. Kugelschlagens erhalten: in Feld am See wird am Ostersonntag das „Kugelwölgn" veranstaltet. Bei dieser Spielart mit zwei Teams werden die Kugeln nicht eine Strecke entlanggeworfen, sondern auf ein Ziel, den „Krasl". Fünf Runden werden gespielt. Es gewinnt die Mannschaft, die den Krasl mindestens drei Mal trifft. Das „Kugelwölgl" wird am Ostermontag auch in Afritz, Döbriach, Radenthein und Untertweng ausgeübt.

Maultasch und der Proseckstein

Margarete, genannt „Maultasch“, Gräfin von Tirol und offiziell auch Herzogin von Kärnten, soll bei der Eroberung „ihres“ Landes im Sommer 1335 die Burg Dietrichstein bei Feldkirchen zerstört haben und danach durch das Gurktal gezogen sein. Beim Proseckstein zwischen Zweinitz und Gurk soll sie mit ihren Truppen Rast gemacht haben und ihre müden Beine zum Kühlen und Waschen in die Gurk getaucht haben. Dann sei sie weiter nach Gurk und nach Pöckstein gezogen. Der Stein, auf dem die Herrscherin gesessen sei, soll einige Meter höher gewesen sein als der Fluss, deshalb habe sich im Volksglauben verankert, Margarete Maultasch sei eine Riesin gewesen. In Pöckstein soll ihr ein Ritter mit seinen Getreuen die Weiterreise verwehrt haben. Maultasch habe die Truppe besiegt und den Ritter von einem hohen Felsen in den Metnitzbach werfen lassen.

Margarete Maultasch und ihre Truppen sollen laut der Kärntner Chronik des Geschichtsschreibers Jakob Unrest (um 1430–1500) auch die Burg Hochosterwitz belagert haben.

Nach dieser Legende haben sich die Belagerten auf Kärntens schönster Burg mit einer List gerettet: Als die Nahrungsmittel zu Ende gegangen waren, schlachteten die Belagerten den letzten Ochsen, füllten die Haut mit dem letzten Getreide und stießen den ausgestopften Ochsen von der Burgmauer. Die Truppen der Margarete Maultasch glaubten, dass sich auf der Burg genügend Nahrungsmittel befänden und dass deshalb eine weitere Belagerung keinen Sinn mehr habe. Deshalb zogen die Belagerer weiter.

So eindrucksvoll diese Geschichten sind, sie stimmen nicht mit der Wirklichkeit überein: Margarete Maultasch, Gräfin von Görz-Tirol, war nie im Gurktal und auch nicht in anderen Teilen Kärntens. Als letzte Meinhardinerin war sie Verliererin im

Hemma-Grab in der Krypta des Gurker Doms: Die Gebeine Hemmas wurden 1174 hierher gebracht.

100-säulige Krypta im Gurker Dom.

Pietà-Altar des Barockbildhauers Georg Raffael Donner im Gurker Dom.

Hemma-Skulptur von Herbert Unterberger im Hemmahof beim Klagenfurter Dom.

Vergoldeter Altar im Gurker Dom.

Hemmarelief: Augensegen

Hemmarelief: Ermordung der Söhne Hemmas.

Spätgotische Hemma-Statue aus der Kirche St. Walburgen.

Gurker Probsthof.

Darstellung Merians des Marktes Gurk mit dem Dom.

Schloss Straßburg:
Von Bischof Roman I. im 12. Jahrhundert errichtet.

Arkaden im Schloss Straßburg: Die Neugestaltung des Innenhofs erfolgte um 1685 unter Johannes VIII. Kardinal Goëss.

Machtkampf zwischen den Habsburgern, Luxemburgern und Wittelsbachern, musste das Herzogtum Kärnten und später die Grafschaft Tirol an die Habsburger abtreten und sich nach Wien „ins Exil“ zurückziehen.

Die Vorgeschichte: Rudolf von Habsburg, König im Heiligen Römischen Reich, hatte seinem Schwager und treuen Unterstützer im Kampf gegen seinen Widersacher Ottokar von Böhmen, Meinhard II. von Görz-Tirol, im Jahr 1286 das Herzogtum Kärnten als Lehen übergeben. Die Tiroler waren von nun an die neuen Landesherren im Herzogtum Kärnten. Meinhard II. residierte allerdings im Schloss Tirol bei Meran, dem Sitz der Familie; er unterzog sich aber am 1. September 1286 dem Einsetzungsritual auf dem Zollfeld. Nach dem Tod Meinhards folgte ihm 1295 Otto III. von Görz-Tirol. Da Otto ohne Söhne am 25. Mai 1310 verstarb, trat sein jüngerer Bruder als Heinrich VI. die Nachfolge als Kärntner Herzog an. Er war von 1307 bis 1310 auch König von Böhmen und Markgraf von Mähren, sowie Titularkönig von Polen, und er hatte zwei Töchter: Adelheid, die als 8-Jährige starb, und Margarete, die seine Erbin werden sollte. Als Heinrich VI. am 2. April 1335 auf Schloss Tirol als letzter männlicher Meinhardiner starb, bemächtigten sich die Habsburger des Herzogtums Kärnten. Margarete konnte aber mit Hilfe des Tiroler Adels die Grafschaft Tirols für sich behaupten. Margarete, geboren 1308, wurde schon als 12-Jährige mit dem 8-jährigen Luxemburger Johann Heinrich von Böhmen verheiratet. Mit knapp 24 Jahren verlangte sie die Annullierung der Ehe mit der Begründung, die Ehe sei nie vollzogen worden. Weil ihr dieses Verfahren zu lange dauerte, verstieß sie ihren offiziell Angetrauten, indem sie ihm am Allerseelentag des Jahres 1341 den Zugang zum Schloss Tirol verweigerte. Ihr Mann sei impotent, ließ die Gräfin verlauten. Noch nie zuvor hatte sich eine Herrscherin ihres Gatten auf eine solche demütigende Art entledigt – eine damals unglaubliche Vorgangsweise, die nicht nur über Johann Heinrich von Böhmen, sondern auch über das ganze Geschlecht der Luxemburger Hohn und Spott brachte. Schon drei Monate später, am 10. Februar 1342, heiratete Margarete Ludwig von Brandenburg, den ältesten Sohn des Kaisers Ludwig des Deutschen aus dem Haus Wittelsbach. Ludwig weigerte sich zunächst, eine noch verheiratete Frau zu ehelichen, sein Vater überzeugte ihn aber mit den Worten: „Tirol ist kein Bissen, auf den man verzichten kann." Es ist anzunehmen, dass sich Margarete vorher das Einverständnis des Großteils des Tiroler Adels gesichert hatte. Die Tiroler Adeligen erhielten jedenfalls mit dem „Großen Freiheitsbrief" vom 28. Jänner 1342 weitreichende Zugeständnisse.

Margarete Maultasch und ihr zweiter Mann wurden auf Betreiben des verstoßenen Johann Heinrich von Papst Benedikt XII. mit dem Kirchenbann belegt. 1359 wurde der Bann aufgehoben, nachdem die Ehe annulliert worden war, da Johann Heinrich von Böhmen eine neue Heirat beabsichtigt hatte. Auch die Habsburger, mit denen Margarete verwandt war, hatten sich für die Aufhebung des Banns eingesetzt. Als Margaretes Mann Ludwig 1361 starb, wurde ihr 17-jähriger Sohn Meinhard III. Landesfürst in Tirol. Zwei Jahre später, am 13. Jänner 1363, starb auch er. Das nährte Gerüchte, Margarete Maultasch könnte bei seinem Tod und auch beim Sterben ihres zweiten Gatten die Hand im Spiel gehabt haben.

Herzog Rudolf IV. von Österreich holte sich nach dem Tod Meinhards 1363 von Margarete auf Schloss Tirol die Zusage, dass ihm das Land Tirol überschrieben werde. Die Urkunde wurde auf 1359 vordatiert, um weniger Schwierigkeiten mit dem Tiroler Adel zu haben. Rudolf IV. zog in Tirol ein und kam damit den Wittelsbachern und den Luxemburgern im Anspruch um Tirol zuvor. Am 26. Jänner 1363 ging damit nach Kärnten auch Tirol an die Habsburger. Über Margarete wurden bösartige Gerüchte verbreitet: sie sei besonders hässlich und brutal gewesen und habe ein ausschweifendes Leben geführt. Deshalb wurde sie als „Maultasch" bezeichnet. Die letzten Jahre verbrachte sie in Wien, wo sie am 13. Oktober 1369 in einem Haus am Minoritenplatz starb.

Um den Proseckstein ranken sich weitere Mythen. Beim Holzerriegel über dem Proseckstein stand von etwa 1000 bis in

Proseckstein:
In der Nähe soll sich die Burg Prosenstein befunden haben.

das 13. Jahrhundert eine kleine Burganlage mit dem Namen Prosenstein. 1164 wurde in einer Urkunde eine Burg in der benachbarten Ortschaft Reichenhaus erwähnt. Ob ein Zusammenhang mit Prosenstein besteht, ist nicht erwiesen. Der Proseckstein wurde beim Bau der Gurktalbahn durchschnitten und bei der Neutrassierung der Gurktaler Bundesstraße teilweise abgetragen.

„Hansl mit der Dukatengeige"

Unterhalb der Straße von Althofen auf den Dobersberg befindet sich am Kalvarienberg in Greuth der Fercherhof, benannt nach Bartlmä Fercher, der dieses Gut 1673 erworben hatte. Im Jahr 1805 kaufte der Gurktaler Johann Strauß den Fercherhof. Strauß war eine bemerkenswerte Persönlichkeit und ein vielseitiger Künstler. Er malte Sonnenuhren, bemalte Bienenstöcke und war ein begabter Musiker.

Der Bauernsohn Johann Strauß, geboren am 27. Dezember 1756, wuchs beim „Madleninger" in St. Jakob ob Gurk auf. Ein Handwerker auf der Walz, der die letzten Lebensjahre beim Madleninger verbrachte, brachte ihm das Schreiben, Lesen, Rechnen und Geigenspiel bei. Der junge Gurktaler beherrschte neben der Violine auch andere Musikinstrumente wie Zimbel (Hackbrett) und Waldhorn. Kurz vor seinem Tod schenkte der Handwerker seinem Schützling die Geige.

Der Gurker Chorherr Siegmund von Hohenwart (1745–1826) wurde auf den Bauernsohn und seine außergewöhnliche Auffassungsgabe aufmerksam. Er erteilte ihm weiteren Unterricht und stellte ihm Bücher, Landkarten und einen Erd- und Himmelsglobus zur Verfügung. Siegmund von Hohenwart war später Generalvikar unter Fürstbischof Franz Xaver Altgraf von Salm-Reifferscheid (1749–1822) und wurde schließlich Bischof in Linz.

Siegmund von Hohenwart förderte auch das musikalische Talent von Johann Strauß und vermittelte Musikabende. Den Erzählungen nach soll ein Adeliger aus Wien, ein Musikkenner, dem Gurktaler 1 000 Gulden für die Geige geboten haben, Johann Strauß habe aber sein Instrument trotz dieser hohen Summe nicht hergegeben. „Hansl mit der Dukatengeige" nannte man Strauß nach dem abgelehnten Angebot. Die Violine stammte vom Tiroler Geigenmacher Jakob Stainer, fand Siegmund von Hohenwart heraus. Stainer (1617–1683) dürfte sein Handwerk bei den bekannten Geigenbaumeistern in Cremona gelernt haben. Er gilt als Begründer der mitteleuropäischen Geigenbaukunst, seine Instrumente waren besonders klangschön, vergleichbar mit den italienischen Meistergeigen von Amati. Jakob Stainer war ab 1658 Hofgeigenmacher und betrieb am 1656 eine Werkstätte in Absam. Wie der wandernde Handwerker zur Stainer-Geige kam, blieb unbekannt. Das Instrument dürfte in den Wirren der Franzosenzeit abhanden gekommen sein.

Johann Strauß war ein gefragter Musikant und Musiklehrer, auch seine Schwester Katharina spielte außerordentlich gut Geige. Sie heiratete einen Bauern, der Bühnenstücke verfasste. Für diese komponierte Strauß die Musik. Die Begabung von Johann Strauß äußerte sich auch in anderen Fächern: Er schnitzte, zeichnete und malte. Viele Kästen und Kleidertruhen, auch Bienenstöcke verschönerte Strauß mit Szenen aus dem Landleben und er gilt als „Vater der bemalten Blumenstöcke". Eines seiner Hobbys war die Astronomie. In den klaren Nächten beobachtete er die Sterne. Strauß war auch bekannt als Sportler. Beim Wettringen auf der Flattnitz soll er sieben Jahre hintereinander ungeschlagen geblieben sein.

Der vielseitige Gurktaler heiratete eine Flattnitzerin und übernahm den Bauernhof seines Vaters, die „Straußhube". Er kultivierte die Bienenzucht und den Obstbau und wurde ein Meister des Veredelns. Am Bauernhaus errichtete er zwei Sonnenuhren. Wohlhabend geworden, erwarb Johann Strauß im Jahr 1805 das „Ferchergut". Hoch angesehen starb „Hansl mit der Dukatengeige" im Jahr 1812.

Der Gerichtsbrunnen von Gurk

Etwa eineinhalb Kilometer oberhalb des Gurker Ortsteils Ranitz befindet sich auf einer Ebene neben einem Waldweg der sogenannte Heidenbrunnen. Der Name leitet sich vom dortigen Waldgebiet ab, den „Unteren Heidenwäldern". Die Zisterne, die sich auf dem Besitz des Binter-Bauern in Ranitz etwa dreihundert Meter südlich der herabgekommenen Wieternig-Forsthube befindet, hat einen Durchmesser von etwa eineinhalb Metern. Heute ist die Brunnenöffnung mit einem Eisengitter gesichert. Ein Holzlattenzaun umgibt den Brunnen.

Der „Heidenbrunnen", auch „Römerbrunnen" genannt, ist ein einzigartiges Denkmal des mittelalterlichen Rechtswesens in Österreich. Es handelt sich um einen ehemaligen „Gerichtsbrunnen", an dem vermutlich bis in das frühe 13. Jahrhundert an Angeklagten die „Wasserprobe" als „göttlicher Beweis" für ihre Schuld oder Unschuld vorgenommen wurde. In der Geschichtsschreibung ist der Heidenbrunnen von Gurk nur spärlich erwähnt. Wilhelm Neumann, ehemaliger Direktor des Kärntner Landesarchivs, schreibt in einem Beitrag in der „Carinthia" 1989, dass im 12. Jahrhundert in drei Gurker Urkunden ein „Gerichtsbrunnen" bzw. ein „Gerichtswasser" erwähnt sind. In allen Fällen ist derselbe Ort gemeint. Bei den Urkunden ging es um Grundtausch- und Schenkungsverträge. In einer Urkunde aus dem Jahr 1176 wird ein „aqua iudiciaris" (Gerichtswasser) erwähnt, in einem Dokument aus 1187 ein „iudicium aque frigide" (kaltes Gerichtswasser) und in einer Urkunde aus 1192 ein „fons iudicialis" (Gerichtsbrunnen). Das deutet mit hoher Wahrscheinlichkeit darauf hin, dass im Heidenbrunnen mit der „Kaltwasserprobe" sogenannte Gottesurteile gefällt wurden. In einem Dokument aus dem Jahr 1286 ist in der Gegend ein „Urtlfeld" erwähnt – auch das deutet darauf hin, dass hier Urteile gefällt wurden. In der bischöflichen

Forstbeschreibung des Jahres 1709 scheint im Forstamt Straßburg eine „gewechter prunn" auf. Hier handelt es sich laut Neumann ebenfalls um den gleichen Brunnen.

Laut dem ehemaligen Gurker Volksschuldirektor Oberstudienrat Karl Burkart ist der Heidenbrunnen mehrmals in den Gurker Pfarrmatriken erwähnt, und zwar im Abschnitt über die Beerdigungen. Am 25. April 1594 wurde ein Zimmermann beerdigt, der beim „Prun an der Haiden" gewohnt hatte. Am 13. April 1595 fand das Begräbnis eines Sohnes des „Prunhietters an der Hayden" statt, zwei Wochen später starb das „einfältige Kind" des „Prunhietters an der Haiden". Am 21. Dezember 1601 gab es die Beerdigung eines Keuschlers auf der „Haydt beym prunnen" und Anfang Jänner 1603 starb ein Bub beim „Prunn auf der Hayden". Später scheint der Heidenbrunnen in den Gurker Pfarrmatriken nicht mehr auf. Die Tatsache, dass zwei Mal ein „Prunhietter" (Brunnenwächter) erwähnt ist, wertete Burkart dahin, dass der Heidenbrunnen noch um 1600 eine gewisse Bedeutung hatte.

WASSERPROBE ALS GOTTESURTEIL

Gottesurteile (Ordale) waren bis ins frühe 13. Jahrhundert gebräuchlich. In der Rechtsprechung ging man davon aus, dass eine höhere Macht („Gott") durch ein übernatürliches Zeichen im Rechtsfindungsprozess zu einem richtigen Urteil beitragen könne, wenn bestimme Rituale befolgt würden. Gottesurteile waren schon vor der Christianisierung vorgesehen und sie waren bis zum beginnenden Spätmittelalter Bestandteile der Rechtsverfahren. Angewendet wurden die Ordale bei Menschen, die eines schweren Verbrechens beschuldigt wurden, ebenso bei mutmaßlichen Häretikern, „Zauberern" und „Hexen". Auch manche gläubige Angeklagte baten um die Durchführung eines Gottesurteils, weil sie glaubten, damit ihre Unschuld beweisen zu können. Die Gottesurteile erfolgten in Anwesenheit von Priestern – sie segneten die Mittel, die für das Gottesurteil erforderlich waren und die Probanden wurden mit Fasten, Beten und anderen Ritualen auf die Prüfung vor-

„Gottesurteile": Alter Gerichtsbrunnen in Gurk.

bereitet. Karl der Große wies im Jahr 809 darauf hin, dass man „ohne jeden Zweifel" an die Gottesurteile glauben müsse. Obwohl einige Päpste die Sinnhaftigkeit der Ordale in Frage stellten, wurden die Gottesurteile noch in verschiedenen Synoden im Hochmittelalter gebilligt.

Eines der Gottesurteile war die Wasserprobe. Bei diesem Ritual wurde ein Beschuldigter mit einem Strick um den Körper in das Wasser geworfen. Ursprünglich galt es als ein Beweis der Unschuld, wenn der Körper im Wasser versank und es dem Betroffenen gelang, für einige Zeit unter Wasser zu überleben. Blieb der Körper an der Oberfläche, galt der Beschuldigte als überführt. Man nahm an, dass das „reine Naturelement" Wasser nichts Unreines, Böses „in sich dulde". Später, als man diesen Glauben nicht mehr aufrecht erhielt, wertete man das „Gotteszeichen" umgekehrt: Wer im Wasser versank, war schuldig. Einen Unschuldigen lasse Gott nicht versinken. Außer der Kaltwasserprobe gab es ein Ritual mit heißem Wasser: Der Beschuldigte musste mit nacktem Arm einen Ring oder einen anderen Gegenstand aus einem Gefäß mit kochendem Wasser holen. Danach wurde der verbrühte Arm verbunden. Nach einigen Tagen wurde der Verband entfernt. Eiterte die Wunde, galt der Prüfling als schuldig. Die Heißwasserprobe gab es auch in anderen Varianten. Eine abgeschwächte Form der Wasserprobe wurde vermutlich noch bis in das 17. Jahrhundert in einigen Gegenden als „Hexenprobe" bzw. „Hexenbad" angewendet, obwohl sie im offiziellen Gerichtsverfahren nicht vorgesehen war. Das Ergebnis der Wasserprobe galt allerdings nicht mehr als unumstößlicher Beweis für die Schuld bzw. Unschuld, sondern wurde lediglich als Indiz gewertet.

Neben der Wasserprobe gab es weitere Ordale, unter anderem die Bahrprobe und die Feuerprobe. Bei der Bahrprobe (Blutprobe) wurde ein des Mordes bzw. Totschlags Verdächtiger an die Bahre des Opfers geführt. Er musste den Leichnam berühren und/oder die Wunden küssen und seine Unschuld beschwören. Begann die Leiche zu bluten oder Blutwasser abzusondern oder traten sonstige Veränderungen („Verkehrungen") ein, wurde dies als Schuldbeweis gewertet. Auch bei der Bahrprobe gab es Varianten. Bei einer Art musste der Beschuldigte drei Mal auf seinen Knien um die Bahre rutschen, den Toten küssen, ihn mit Namen nennen und dabei Gott zum Zeugen seiner Unschuld anrufen. Veränderten sich dabei die Wunden, galt der Beschuldigte als überführt. Die Zahl der Bahrproben in Strafprozessen in Europa nahm Ende des 17. Jahrhunderts deutlich ab, vereinzelte Fälle gab es noch im 18. Jahrhundert. Wie die „Hexenprobe" wurde die Bahrprobe aber nicht mehr als Beweis, sondern lediglich als Indiz gewertet, um einen Inquisitionsprozess einzuleiten und/oder die Folter anzuwenden, mit der man fast in allen Fällen ein „Geständnis" erzwang. Bei der sehr selten durchgeführten Feuerprobe gab es verschiedene Varianten: Der Angeklagte musste barfuß über rot glühende Pflugscharen gehen oder seine Hand in ein Feuer strecken oder ein glühendes Eisen über eine kurze Strecke tragen. Blieb der Angeklagte entweder unverletzt, verheilte die Verletzung binnen weniger Tage oder eiterte seine Verletzung nicht, galt seine Unschuld als erwiesen. Im Werk

„Malleus Maleficarum" („Hexenhammer") von 1487 ist erwähnt, dass die Feuerprobe in Fürstenberg im Schwarzwald 1485 angewendet wurde: Eine der Hexerei beschuldigte Frau ersuchte um die Feuerprobe und wurde danach freigesprochen. Die Wasserprobe und andere Gottesurteile waren im 12. und beginnenden 13. Jahrhundert Bestandteile der Gerichtsbarkeit auch in Kärntner Pfarren. Mit dem Vierten Lateran-Konzil im Jahr 1215 wurde die Mitwirkung von Geistlichen bei den „Gottesurteilen" untersagt. Es ist anzunehmen, dass danach auch in den Pfarren des Bistums Gurk keine „kirchlichen" Ordale mehr durchgeführt wurden.

DER GALGEN IN STRASSBURG

Im Gurktal befindet sich ein weiteres interessantes Rechtsdenkmal. Zwischen Straßburg und Mellach stehen auf einem Hügel – einige hundert Meter von der Gurktal-Bundesstraße entfernt – die Reste einer Hinrichtungsstätte. Es handelt sich um zwei circa vier Meter hohe, viereckige Steinmauer-Säulen im Abstand von circa fünf Metern – es sind die Reste eines Galgens, der von den Gurker Bischöfen für Hinrichtungen verwendet wurde. Die Bischöfe hatten die Hochgerichtsbarkeit inne. Ein Sturm richtete Mitte der 1980er-Jahre im Gurktal große Schäden in den Wäldern an. Unzählige Bäume wurden geknickt. Danach waren die beiden Galgensäulen bei Straßburg lange Zeit von der Straße aus zu sehen. Im Lauf der Jahre wurden die Mauerreste wieder umwachsen.

Gustav Mitterdorfer und die „schöne Ricki"

O, Diandle, tiaf drunt im Tål,
jauz aufa zu mir amål,
es ist jå går lång schon her,
dås i die Stimm gern hör ...

Mit diesen Zeilen beginnt eines der schönsten Kärntnerlieder. Von wem das Lied stammt, war lange unklar. Der bekannte Komponist, Sänger und Chorleiter Thomas Koschat beschrieb im Aufsatz „Aus alten Tagen" in der Publikation „Die Reichswehr" vom 8. September 1904 die Geschichte des Liedes: Regierungsrat i. R. Gustav Höferer hatte seinen Freund Thomas Koschat darüber informiert, dass das Lied Ende der 1850er-Jahre von dem aus Gurk stammenden Arzt Gustav Mitterdorfer getextet und komponiert worden sei. Mitterdorfer habe das Lied erstmals der „schönen Ricki von Klagenfurt" vorgesungen. Höferer habe das Lied 1859 im Gasthof Eisenhammer in Graz von einem alten Studenten gehört. Der Gasthof war damals das Stammlokal von Kärntner Studenten und anderen Kärntnern in Graz. *„Ich habe mich aus dem Grunde für dasselbe interessiert, weil damals davon wegen der ‚schönen Ricki' sehr viel gesprochen wurde, die Melodie jedoch niemand mehr wusste. Ich habe mir diese nach dem Gehör gemerkt, kam nach Klagenfurt zurück und probierte sie mit einem Quartett"*, erwähnte Höferer. In Koschats Aufsatz hieß es über das Lied „O, Diandle, tiaf drunt im Tål" weiter, dass die erste Aufführung in Wien am 12. November 1864 ein „epochemachender Erfolg" gewesen sei. Das Lied wurde auch in Deutschland erfolgreich aufgeführt.

Gustav Philipp Johann Mitterdorfer wurde am 1. Mai 1822 in Gurk geboren. Sein Vater Josef Mitterdorfer (1785–1838) war einer der wenigen Gurktaler aus dem Bauernstand, die im frühen 19. Jahrhundert ein Studium absolvieren konnten: Er studierte Rechtswissenschaften in Graz und das letzte Jahr in Wien und wurde 1811 zum Dr. iur. promoviert. Er war Justiziar beim Domstift Gurk und ab 1827 Anwalt und Verwalter des Domkapitels Gurk. Bekannt wurde er für seine moderne Wirtschaftsführung. Er ließ beispielsweise seine gepachteten Äcker stärker düngen und sparte dafür bei der Aussaat. Mit dieser Methode konnte er höhere Gewinne erwirtschaften als andere Bauern. Als einziger Landwirt baute er im Raum Gurk in großem Stil Kartoffeln an. Josef Mitterdorfer war auch als Schriftsteller tätig, unter anderem erschienen Beiträge in der Zeitschrift „Carinthia" sowie in Sartoris „Malerischem Taschenbuche" und „Oesterreichs Tibur". Er verfasste auch die „Gastunia, ein Taschenbuch für Gasteins Kurgäste" (Salzburg, 1820) und eine Abhandlung über die Geschichte des Domstifts Gurk. Dazu kamen mehrere landwirtschaftliche Fachbeiträge. Seine Frau Anna Maria (1790–1825), die Mutter von Gustav, stammte aus der Klagenfurter Apothekerfamilie Hollentschnig. Ihre Vorfahren waren nach Kärnten zugewanderte, geadelte Industrielle. Anna Marias Mutter stammte aus der Villacher Familie von Millesi und ihre Großmutter Maria Theresia (1734–1809) kam aus der Klagenfurter Familie von Herbert (Herwerth). Sie hatte den Villacher Matthias Johann von Millesi auf Schloss Werthenau geheiratet.

Gustav Mitterdorfer studierte nach der Matura Medizin an der k. k. Josef-Akademie in Wien, wo er 1847 zum Dr. med. univ. promoviert wurde. Die „schöne Ricki", der Mitterdorfer sein Lied gewidmet hatte, war die Tochter eines Klagenfurter Bürgers und Gastwirts. Ihr Bruder Franz Grünanger, geboren 1841 in Klagenfurt, war Schriftsetzer und leitete bis zu seinem Tod 1897 die „k. k. Hofbuchdruckerei C. Fromme" in Wien. Grünanger war Obmann der Kärntnerschaft in Wien, mit Thomas Koschat befreundet und auch er bestätigte Koschat, dass der Urheber des Liedes Gustav Mitterdorfer war. Dass Ricki Grünanger die Geliebte Mitterdorfers war, wusste auch der Kärntner Komponist Hans Neckheim. Josef Pommer schrieb im Vorwort der 1891 herausgegebenen Kärntnerlieder-Sammlung

Neckheims: *„Hochinteressant ist die Mitteilung Neckheims, dass der Autor des vielgesungenen Kärntnerliedes „O, Diandle, tiaf drunt im Tål" gefunden wurde; es ist dies der bereits verstorbene Dr. M., der in diesem Liede seine Geliebte, ein schönes Bürgermädchen in Klagenfurt, die Anverwandte eines Wirtes, besang."*

Gustav Mitterdorfer heiratete nicht seine Geliebte Ricki, sondern Maria Anna, geb. Schrott (1841–1909). Sein älterer Bruder Wilhelm Mitterdorfer (1815–1896) war k. k. Hof- und Gerichtsadvokat in Klagenfurt und Landespolitiker. Gustav Mitterdorfer starb am 24. März 1874 in Klagenfurt im Alter von nur 52 Jahren. Der heute gesungene Satz von „O, Diandle, tiaf drunt im Tål" stammt von Anton Anderluh.

VIELBESUNGENES GURKTAL

Nicht nur Gurktaler schrieben Kärntnerlieder, auch die Gurk und das Gurktal selbst werden in zahlreichen alten und neuen Kärntnerliedern besungen. Vom Komponisten Josef Inzko und vom Textdichter Herbert Flattner stammen die Lieder „Am Zammelsberg mit frohem Mut", „Vom Zammelsberg her, unser Sang", „Wo die Gurk talabwärts rauschet", „Dar Abend hat Gold in de Gurk", „Sankt Florian vom Gunzenberg" und „O Hemma von Gurk". Josef Inzko vertonte auch das Gedicht der Zweinitzer Mundartdichterin Maria Kraßnitzer mit dem Titel „Rauscht de Gurk in die Nåcht". Von Walter Dick stammt das Lied „Gurktal Hamattal" und Günther Mittergradnegger arrangierte das Lied „Auf dar Flattnitzer Alm". Christine Lerchbaumer-Salbrechter verfasste die Lieder „Bin am Zåmmelsberg amål gwesn" und „Nåch Steuerberg al i hiaz eine". Von Gretl Komposch, der langjährigen Leiterin des Grenzlandchors Arnoldstein, stammen die Lieder „Im Gurktal drin" und „'s Flattnitz-Liadle". Anton Schmid, Urheber vieler neuer Kärntnerlieder, schrieb und komponierte „Die Gurk und das Gurktal". Günther Amesberger ist Urheber des Liedes „In der Gurktåla Pfårr". Hans Wiegele textete „Die Gurktaler Schnaßn" und Walter Kraxner schrieb „Bei der Gurk, ja da steht a Mühl". Anton

Anderluh ist der Jodler „Von der Flattnitz“ zu verdanken, ebenso das Lied „Klane Kigalan giaßn“. Gerhard Glawischnig (Text) und Justinus Mulle (Komposition) sind die Urheber der drei Lieder „Auf da Wimitzer Seitn“, „Untan Lattasteig zuabe“ und „Wia da Wind auf da Flattnitz“. Reinhard Groß (Text) und Adolf Mirnig (Komposition) beschrieben mit ihrem Lied „Tiaf drinnen im Tål“ den Ort Deutsch-Griffen. Von den alten Kärntnerliedern mit Gurktalbezug erwähnenswert sind „Auf da Flattnitzer Alm“, „Die Gurkntaler Bäuerlan“, „Bei der Gurkn bin i gångan“, „Wonn i aufn Zåmmelsberg“ und „Übern Lattersteig muaß i ume“. Letzteres gilt als eines der schönsten Kärntnerlieder.

„Robinson Crusoe“ aus Gurk

Mehrmals desertiert, als einziger Überlebender nach einem Schiffbruch auf eine unbewohnte Insel verschlagen, wo er einundzwanzig Monate verbrachte, von Piraten gerettet, versklavt, entflohen und schließlich nach Kärnten zurückgekehrt. Diese phantastischen Erlebnisse schilderte Leonhard Eisenschmied in seinem Buch „Merkwürdige Land- und Seereisen durch Europa, Afrika und Asien“. Eisenschmied stammte aus Gurk. Sein Vater Nikolaus Eisenschmied dürfte um die Mitte des 18. Jahrhunderts als Kunstgärtner nach Kärnten gekommen sein, war Bediensteter des Fürsten Porcia in Spittal und heiratete 1759 die Tochter eines Kaufmanns aus Paternion. 1763 trat Nikolaus Eisenschmied in den Dienst des Gurker Domkapitels. Das Ehepaar hatte fünf Kinder, das jüngste, Leonhard, kam am 22. November 1770 im sogenannten Gartnerhaus des Domkapitels zur Welt. Das Geburtshaus wurde ein Jahrhundert später mit dem Nachbarhaus, dem „Waschhaus“ des Stifts, zusammengelegt; es ist das Gebäude Hauptstraße 3 und 5 in der Nähe des Gurker Doms.

Leonhard Eisenschmied war erst 17 Monate alt, als sein Vater 44-jährig starb. Die Einsegnung erfolgte von Sigismund von Hohenwart (1745–1825), dem späteren Generalvikar des Bistums Gurk und Bischof von Linz. Sigismund von Hohenwart galt gemeinsam mit seinem Lehrer Franz Xaver Wulfen als Pionier der naturwissenschaftlichen Forschung in Kärnten, vor allem der Botanik.

Leonhard Eisenschmied wuchs in Gurk auf und reiste als 13-Jähriger nach Laibach, wo ihm ein Gurker Domherr, wahrscheinlich Sigismund von Hohenwart, eine Stelle als Handelslehrling vermittelte. Drei Jahre lang war der junge Eisenschmied beim Kaufmann beschäftigt, der ihn aber sehr schlecht behandelt haben dürfte. Eisenschmied entschloss sich, Laibach zu verlassen und nach Triest zu reisen, „um mich von meinem Vaterland auf immer zu entfernen und in anderen Weltgegenden mein Glück zu finden", wie er später schrieb.

In Triest begann das Abenteuer des jungen Gurktalers, der später vom Schriftsteller Franz Carl Weidmann in seinem Nachruf als „kärntnerischer Robinson" bezeichnet wurde. Tatsache ist, dass Leonhard Eisenschmied einige Zeit auf Schiffen durch das Mittelmeer segelte und andere Länder kennenlernte. Bei seinen Erzählungen dürfte er allerdings ziemlich „geflunkert" haben. Zu diesem Schluss kommt auch der Historiker und Leiter des Kärntner Landesarchivs Wilhelm Wadl: „Die Robinsonade ist am meisten anzuzweifeln. Sie könnte durchaus ein bloßes Zugeständnis an die Erwartungshaltung von Eisenschmieds Zuhörern bzw. späteren Lesern sein." Wadl hat im Jahr 2000 die Erzählungen Eisenschmieds in einer bearbeiteten und kommentierten Fassung neu herausgegeben.

Eisenschmied könnte das 1720 auch auf Deutsch erschienene Buch „Robinson Crusoe" von Daniel Defoe (1661–1731) bereits gekannt haben und sich daraus oder von einer der vielen Abhandlungen dieser Erzählung „geistige Anleihen" genommen haben. Defoe schilderte die Erlebnisse des Oberbootsmanns Alexander Selkirk, der 1705 nach einem Streit mit seinem Kapitän auf einer Insel im Pazifik ausgesetzt worden war und dort vier Jahre gelebt hatte.

Der „kärntnerische Robinson" heuerte seinen Angaben zufolge nach seiner Flucht aus Laibach im Sommer 1787 unter falschem Namen auf einem holländischen Handelsschiff an, kam im Mittelmeer in einen schweren Sturm und strandete vor einer kleinen Insel in der Nähe von Kreta. Seinen Erzählungen nach überlebte Eisenschmied als Einziger den Schiffbruch. Einundzwanzig Monate verbrachte er auf der unbewohnten Insel, bis er „von Seeräubern gerettet" wurde. Einige Wochen später nahm eine venezianische Schiffsbesatzung die Piraten gefangen. Leonhard Eisenschmied konnte seine Unschuld glaubhaft vorbringen und trat in die venezianische Marine ein.

Die nächsten Schiffsreisen führten den Abenteurer an die nordafrikanische Küste – nach Algier und Marokko. Im Februar 1792 desertierte der Gurktaler und fuhr auf einem maltesischen Schiff weiter. Wenige Wochen später geriet er in Gefangenschaft und landete als Sklave in Algier. Im Oktober 1792 gelang ihm die Flucht aus der Sklaverei. An Bord eines Handelsschiffs segelte er nach Marokko und Tunesien, danach trat er wieder in die maltesische Marine ein. Im Februar 1793 wurde Eisenschmied als venezianischer Deserteur aufgegriffen und einige Monate ins Gefängnis gesteckt. Nach der Strafverbüßung kam er auf einem venezianischen Kriegsschiff nach Korfu, flüchtete dort und wurde Sklave bei einem „vornehmen Türken". Im Sommer 1794 entließ ihn sein Herr aus dem Dienst. Leonhard Eisenschmied kehrte auf venezianisches Gebiet zurück, unterwegs überfielen ihn Räuber. Nach einem neuerlichen Gefängnisaufenthalt wegen Desertion trat der inzwischen 25-jährige Kärntner wieder in die venezianischen Marine ein. Im Juni 1797 besetzten Franzosen Korfu, im September darauf flüchtete Eisenschmied von Korfu nach Albanien, wo er als Eseltreiber Sklavendienst verrichten musste. Im Jänner 1798 gelang ihm die Flucht und er wurde von der Besatzung eines kroatischen Handelsschiffs aufgenommen. Ende Februar 1798 erreichte Eisenschmied Venedig. Am 23. März 1798 trat er zu Fuß seine Reise nach Kärnten an, vier Tage später traf er in Unterloibl ein.

Das Wiedersehen mit seiner Mutter in Gurk schildert Leonhard Eisenschmied in eindrucksvoller Weise: *„Als ich die Spitze der Kirchtürme erblickte, konnte ich mich der Tränen nicht enthalten. Mein Herz schlug immer heftiger, bis wir vor der Wohnung meiner Mutter Halt machten. Sie stand schon unter dem Haustor. Allein, ich kannte sie nicht eher, bis es mir mein Bruder sagte. Dann floh ich aus dem Wagen in ihre Arme. Sie drückte mich fest an ihren Busen, ohne ein Wort hervorbringen zu können. Die Heftigkeit der Gefühle nahm ihr alle Worte. Sie sank in eine Ohnmacht."*

Leonhard Eisenschmied galt von nun an in Kärnten als Attraktion, er wurde herumgereicht, erzählte seine „Erlebnisse" und schrieb sie schließlich auf. 1806 heiratete der Abenteurer in Schwarzenbach im Mießtal – gegen den Willen ihrer Eltern –

seine langjährige Freundin Johanna Nepomuzena Edle von Guschgy, mit der er einen 6-jährigen Sohn hatte. Dieser wurde Priester und starb 1840 als Pfarrer in der Untersteiermark.

Im Jahr 1807 erschienen seine Erzählungen unter dem Titel: „Merkwürdige Land- und Seereisen durch Europa, Afrika und Asien. Eine wahre Geschichte aus den letzten Jahren des 18. Jahrhunderts". Die beiden Bände stießen auf reges Interesse; fünf Jahre später gab es eine zweite Auflage. Leonhard Eisenschmieds weiteres Leben blieb unspektakulär. Er erhielt eine Stelle als Mauteinnehmer an der Mießbrücke in Unterdrauburg, wo er im Frühjahr 1824 starb.

Das verschollene Kloster in Lieding

Im 10. Jahrhundert hätte Lieding das Zentrum des Gurktals werden sollen – mit Kloster, Markt- und Münzrecht. Von der hoch privilegierten Stiftung gibt es fast keine Spuren mehr.

Kaiser Otto II. (973–983) erlaubte mit einem Diplom im Jahr 975 der Witwe Imma, in „Livbedinga“ (Lieding) einen Markt abzuhalten, eine Münzstätte zu betreiben und einen Marktzoll einzuheben. Diese Privilegien wurden auf das Kloster „in loco qui dicitur Livbedinga“ (im Ort, der Livbedinga genannt wird) übertragen, das Imma zu bauen begonnen hatte oder das zu diesem Zeitpunkt schon bestand. Die Urkunde wurde am 11. Juni 975 auf der Pfalz Memleben in Sachsen ausgestellt; sie befindet sich heute im Landesarchiv Kärnten. Als „Livbedinga“ oder „Liubedinga“ wurde damals nicht ein Ort bezeichnet, sondern die Gegend zwischen Straßburg und Weitensfeld (später: „in der Lüding“). Es ist deshalb nicht erwiesen, dass sich das Kloster an der Stelle des heutigen Orts Lieding befand.

Mittelkärnten nördlich der Drau gehörte damals zur Grafschaft Friesach. Im Jahr 975 herrschte hier Graf Ratold von Friesach, ein Vorgänger des Grafen Wilhelm von Friesach-Zeltschach, des Mannes der heiligen Hemma.

Imma entstammte vermutlich dem sächsischen Hochadel und war Witwe eines Rechtsnachfolgers des aus Schwaben stammenden „Edlen Zwentibolch“, der im Jahr 898 von Kaiser Arnulf unter anderem fast das gesamte Gurktal geschenkt bekommen hatte – darunter den Hof Gurk, der vermutlich in Lieding stand. Nach Ansicht des Kärntner Historikers August Jaksch wurde der Klosterbau „niemals vollendet, denn der Metropolit machte dieser Art von Klostergründungen über seinen Kopf hinweg Schwierigkeiten, noch dazu in der Nähe alten Salzburger Besitzes.“ Erzbischof in Salzburg war damals Friedrich I. (958–991). Ob tatsächlich der Salzburger Erzbischof die Gründung des Zentrums Lieding verhinderte, ist nicht erwiesen. Einige Historiker, unter ihnen Claudia Fräss-Ehrfeld, sind der Ansicht, dass jedenfalls ein Kloster bestanden habe, möglicherweise an jenem Ort, an dem später Hemma ihr Nonnenkloster gründete. Es gibt auch keine Quellen darüber, was mit dem Eigenkloster der Imma weiter geschah. Die Urkunden über das Kloster Lieding könnten im Gurker Bistumsstreit vernichtet worden sein. Aber auch das ist eine unbewiesene These.

Die später heilig gesprochene Hemma von Gurk, die Enkelin Immas, bekam gleichzeitig mit der Gründung ihres Klosters in Gurk im Jahr 1043 in Lieding Pfarrrechte.

Um 1200 wurde die Kirche in Lieding neu errichtet. Unter dem Gurker Bischof Gerold (1326–1333) wurde Lieding dem Kollegiatskapitel Straßburg unterstellt, die Pröpste von Straßburg waren lange Zeit auch Pfarrer von Lieding. Während der Türkeneinfälle in der zweiten Hälfte des 15. Jahrhunderts wurde Lieding zu einer Wehrkirche ausgebaut, die Mauern sind aber nicht mehr erhalten. Heute umfasst die Pfarre Lieding noch immer einen Großteil des Stadtgebiets von Straßburg.

„FRIESACHER PFENNIG“

Das Liedinger Münzrecht wurde später in Friesach beansprucht. Der Ort gehörte bis 1803 zum Erzstift Salzburg. Die älteste urkundliche Erwähnung des „Friesacher Pfennigs“ stammt aus dem Jahr 1166. Die Prägestätte in Friesach dürfte zwischen 1125 und 1130 vom Salzburger Erzbischof Konrad I., der von 1106 bis 1147 regierte, errichtet worden sein. Das für die Münzprägung benötigte Silber stammte von einem nahe gelegenen Bergwerk. Die Erzbischöfe von Salzburg begannen mit der Münzprägung in ihrem Herrschaftsgebiet um 1010. Damals trat König Heinrich II. das Münzrecht zur Hälfte an den Salzburger Erzbischof Hartwig ab. In der zweiten Hälfte des 12. Jahrhunderts war auf der Vorderseite des Friesacher Pfennigs meist das Porträt des Erzbischofs von Salzburg abgebildet.

Das Münzwesen in Friesach erreichte den Höhepunkt seiner Blüte unter dem Salzburger Erzbischof Eberhard II. (1200–

1246). In den ersten Jahrzehnten des 13. Jahrhunderts war der Friesacher Pfennig – ausgehend von Kärnten, der Steiermark und Friaul – in Ostösterreich, in der nördlichen Adria, in Dalmatien, Kroatien, Slowenien, Ungarn, Siebenbürgen und der Slowakei wegen seines hohen Silbergehalts als begehrtes Handelsgeld im Umlauf. Vom Friesacher Pfennig wurden auch Nachbildungen geprägt, unter anderem von den Partriarchen von Aquileia, den Grafen von Görz sowie den Herzögen der Steiermark und von Kärnten.

Nach dem Einfall der Mongolen 1241 verlor der Friesacher Pfennig seine Bedeutung als Handelsmünze in Südosteuropa. Die Konkurrenz durch die Plagiate, vor allem der Münzen der Patriarchen von Aquileia, die Machtübernahme des Herzogtums Kärntens durch die Habsburger 1335 und der Silbermangel führten zum Niedergang des Friesacher Münzwesens und noch vor der Mitte des 14. Jahrhunderts zur Schließung der Prägestätte in der Burgenstadt. Ende des 12. Jahrhunderts erhielt die Münzstätte in Friesach Konkurrenz: Der Kärntner Herzog ließ eine Prägestätte einrichten, deren Münzen wie der Friesacher Pfennig wegen ihres hohen und gleichbleibenden Silbergehalts in Mitteleuropa geschätzt wurden. Mit der Kontrolle der Münzprägungen wurden wie in Friesach die Bürger der Stadt betraut. In St. Veit wurde die älteste Münze mit deutscher Inschrift geprägt. Sie ist im Stadtmuseum ausgestellt. Einer der bekanntesten Münzmeister der Herzogstadt war Johann Georg Perro, seine Münzen zählten zu den schönsten im Reich. Mitte des 14. Jahrhunderts wurde die Prägetätigkeit eingestellt. Erst unter Kaiser Maximilian I. wurden um 1515 wieder Münzen geprägt. Die Prägestätte, die in die neue Hauptstadt Klagenfurt verlegt worden war, kam 1622 unter Kaiser Ferdinand II. wieder nach St. Veit. Die Münzstätte arbeitete nicht nur für den Kärntner Landesfürsten, sondern auch für die Fürsten Auersperg und Porcia. Geprägt wurden Goldgulden, Dukaten, Viertelguldiner, Taler, Batzen, Pfennige und Gedenkmünzen. 1720 wurde die Münzstätte in St. Veit an der Glan endgültig aufgelassen.

Das Gurktaler „Schnauferle"

Siebzig Jahre lang, von 1898 bis 1968, fuhr die schmalspurige Gurktalbahn von Treibach-Althofen nach Klein-Glödnitz und zurück. Der Bau der Gurktalbahn war eine Folge des Lokalbahnengesetzes. Damit wollte man Gebiete abseits der neu erbauten Bahnen erschließen und an die Bahnstrecken anschließen, die Täler sollten nicht isoliert werden. Der Reichsrat beschloss am 25. Mai 1880 das bedeutende „Gesetz, betreffend die Zugeständnisse und Begünstigungen für Lokalbahnen", mit dem der Staat den Bau von Lokalbahnen förderte, finanziell unterstützte, steuerliche Anreize gab und eine Ausfallshaftung übernahm. Für Lokalbahnen galten nicht die strengen Bau- und Sicherheitsvorschriften wie für die anderen Eisenbahnen. Damals fuhren zwei Mal im Tag Postkutschen von Hirt nach Deutsch-Griffen. In Gurk befand sich der k. k. Poststall und die Poststation für das ganze Tal. Hier wechselten die Kuriere die Pferde. Die Familie Isopp stellte jahrzehntelang die Postmeister. Bei der Eröffnung der Gurktalbahn im Jahr 1898 war Frau Isopp die letzte Posthalterin, ihr Mann war der erste Vorstand des Bahnhofs Gurk.

Als „Vater der Gurktalbahn" galt der k. k. Forstrat und ehemalige Güterdirektor in Rastenfeld, Carl Hiltl. Er überzeugte die Bürgermeister der Tal-Gemeinden und gründete mit der Gurktaler Sparkasse im Jahr 1893 für den beabsichtigten Bahnbau ein Exekutivkomitee, dem auch der Fabrikant Anton Fleischhacker und der Straßburger Gutsbesitzer Wilhelm Gorton angehörten. Der Wiener Zivilingenieur Friedrich Seligmann erstellte den Plan für den Bau einer schmalspurigen Bahn von der Südbahnanschlussstelle Treibach-Althofen bis Klein-Glödnitz. Aus Kostengründen wählte das Komitee die 760 Millimeter breite Spur, die sogenannte bosnische Spur; später wurde sie auch österreichische Spur genannt.

Nachdem im Jahr 1878 Truppen der Donaumonarchie Bosnien und Herzegowina besetzt hatten, mussten k. k. Ingenieure rasch eine Eisenbahn in das oft unwegsame Land bauen, um die Besatzungstruppen zu versorgen. Man verwendete übrig gebliebenes Material einer ungarischen Kleinbahn mit der ungewöhnlichen Spurweite von 760 Millimetern. Im übrigen Europa betrug die Spurweite von Kleinbahnen 750 Millimeter. Die „bosnische Spur“ wurde im Laufe der Jahre auch für andere Kleinbahnen in Österreich gebräuchlich. Das lag ganz im Sinne der Armeeführung – im Fall eines Kriegs hätte sie die Lokomotiven und Waggons in Bosnien einsetzen können. Friedrich Seligmann plante aus technischen Gründen und um Kosten zu sparen, die Bahnstrecke entlang des linken Ufers des Gurkflusses zu führen. 800 000 Gulden sah der Kostenvoranschlag für den Bau vor. Nach den Planungsarbeiten begann das Exekutivkomitee mit den Grundbesitzern zu verhandeln. Um bei den Grundablösen zu sparen, sah Seligmann einen großen Teil der Streckenführung neben der Landstraße vor, mit einer Reihe „schienengleicher“ Bahnübergänge. In einem Protokoll hieß es, dass „die Kreuzungen mit Rücksicht auf die untergeordnete Bedeutung, in welche der Straßenverkehr durch den Bahnbau zurückgedrängt wird, unbedeutend erscheinen.“ Das war ein schwerer Planungsfehler, die Motorisierung nahm stark zu. Die mangelnde Verkehrssicherheit war einer der maßgeblichen Gründe für die Einstellung der Bahn sieben Jahrzehnte später. Die meisten Grundbesitzer, vor allem Bauern, waren mit der Ablöse einverstanden. Nur in Ausnahmefällen kam es zu Streitfällen. Ein Bauer in Drahtzug in der Gemeinde Straßburg prozessierte bis zu seinem Ruin – er verlor Haus und Hof.

Im Juni 1894 erfolgte die Trassenrevision durch eine Kommission der Kärntner Landesregierung. Dabei ersuchten die Vertreter der Gemeinden Straßburg und Weitensfeld, die Bahnhöfe in der Mitte der beiden Orte zu errichten. Das war keine Selbstverständlichkeit, beim Bau anderer Lokalbahnen sträubten sich oft die Bewohner gegen eine allzu nahe Bahnverbindung. Vor allem Gastwirte und Fuhrwerker befürchteten durch die Bahn wirtschaftliche Einbußen. Grundsätzlich gab es große Zustimmung für den Bahnbau, man erwartete sich eine Belebung der Wirtschaft im Gurktal. „Wohl nirgends kann die Nachricht von dem Eisenbahnbau freudigere Stimmungen hervorbringen als hier im Gurktal und insbesonders in der entlegensten Gemeinde desselben“, schrieb etwa der Bürgermeister der Gemeinde Deutsch-Griffen in seiner Eingabe an die Kommission.

Das größte Problem war die Finanzierung der Bahn. Eine Regierungsvorlage aus dem Jahr 1896 zur Unterstützung von Lokalbahnen sicherte die Finanzierung der Gurktalbahn. Das Anlagekapital für die Gurktalbahn betrug 840 000 Gulden; die im März 1898 bewilligte „Gurktalbahn-Aktiengesellschaft“ gab Stammaktien in der Höhe von 200 000 Gulden aus. Die Hälfte der Stammaktien übernahm das Land Kärnten, die andere Hälfte Gemeinden, Geschäftsleute und Bauern im Gurktal. Bei der ersten Generalversammlung der Gurktalbahn-AG am 5. Mai 1898 wurde der Verwaltungsrat gewählt. Präsident des Verwaltungsrats wurde der Präsident der Handelskammer in Klagenfurt, Carl Ritter von Hillinger, Vizepräsident k. k. Forstrat Carl Hiltl. Weitere Mitglieder waren Eduard Bittner, Professor der Wiener Handelsakademie, Anton Fleischhacker (Gurk), Wilhelm Gorton (Straßburg), der Gurker Notar Max Koch, der kaiserliche Rat Georg Pirringer (Wien) und der Wiener Rechtsanwalt Siegfried Werner.

Die im Bau von Lokalbahnen erfahrene oberösterreichische Baufirma „Stern & Hafferl“ war bereits im Herbst 1898, schneller als geplant, mit dem Bau der Bahngleise und der Stationsgebäude fertig. Anfang Oktober 1898 bezog das Bahnpersonal die Amtsräume und Dienstwohnungen. Die k. k. Post richtete in den Bahnhöfen Zweinitz und Klein-Glödnitz Ämter ein. Zum Volksfest im ganzen Tal gestaltete sich die Eröffnung der Bahn am 9. Oktober 1898. Im Eröffnungszug befanden sich unter anderem der Landespräsident von Kärnten, Otto Fraydt von Fraydenegg und Landeshauptmann Zeno Graf Goëss. In Gurk fand die Hauptfeier statt, mit einem Hochamt im Dom und einem Festmahl im Gasthof Erian. Der Initiator der Bahn, Carl Hiltl, erhielt die Ehrenbürgerurkunde der Gemeinde Gurk.

Bezirkshauptmann Max Ritter von Grabmayer, der sich um den Bahnbau besonders verdient gemacht hatte, wurde Ehrenbürger der Bahngemeinden Treibach, Straßburg, Gurk, Weitensfeld und Glödnitz. Tags darauf fuhr um 8.40 Uhr der erste fahrplanmäßige Zug vom Bahnhof Treibach-Althofen ab. Drei Mal täglich, in der Früh, zu Mittag, und am späten Nachmittag, fuhren Züge mit Personen- und Güterwagen durch das Tal. Mitte November 1898 gab es die sogenannte Kollaudierung, die Überprüfung, ob alle Vorschriften eingehalten wurden. Die Mängelliste hielt sich in Grenzen, sie verzeichnete unter anderem, dass in Straßburg die vorgeschriebene Gartenanlage fehlte und im Gurker Bahnhof der Ofen im Wartesaal der III. Klasse nicht an der vorgesehenen Stelle stand. Im Bahnhof Klein-Glödnitz war im Passagierabort „das Sitzbrett und der Deckel aus weichem, statt aus hartem Holz" angefertigt. Die Bahnstrecke war 29 Kilometer lang, dazu kamen Anschlussgleise in Treibach zur Firma Funder, in Straßburg zur Gorton-Mühle und in Klein-Glödnitz zur landwirtschaftlichen Genossenschaft und zur Firma Possek. Es gab 128 unbeschrankte Weg- und Straßenübergänge. Der Fuhrpark bestand im Jahr 1898 aus drei Dampflokomotiven, vier Personenwagen für die II. und III. Klasse, zwei Dienst- und Postwagen, fünf gedeckten und achtundzwanzig offenen Güterwagen, vier Bahnwagen und einer Draisine. In den Bahnhöfen Treibach-Althofen, Straßburg und Klein-Glödnitz gab es Wasserstationen für die dampfbetriebenen Lokomotiven. In den ersten Betriebsjahren bestanden neun Bahnhöfe und Haltestellen Treibach-Althofen, Pöckstein-Zwischenwässern, Gundersdorf, Mellach, Straßburg, Gurk, Zweinitz, Weitensfeld und Klein-Glödnitz. Später kamen fünf weitere Haltepunkte dazu: Altenmarkt, Prosegger, Draschelbach, Hacklwirt und Drahtzug.

Für die Erhaltung und den Betrieb der Gurktalbahn war die Staatsbahndirektion Villach der k. k. Staatsbahn verantwortlich, dann die Österreichischen Bundesbahnen (ÖBB). Mit 1. Jänner 1932 wurde die Gurktalbahn verstaatlicht.

Im Ersten Weltkrieg gab es einen eingeschränkten Betrieb, vom 21. Dezember 1919 bis 7. Jänner 1920 fuhr kein Zug durch das Gurktal, es mangelte an Kohle für den Betrieb. Die Wirtschaftskrise in den Dreißigerjahren, das Ausbleiben der deutschen Touristen nach der von Adolf Hitler verhängten „1 000-Mark-Sperre“ und die zunehmende Motorisierung waren starke Belastungen für die Gurktalbahn. Mit Beginn des Zweiten Weltkriegs wurde die Bahn wegen des Benzinmangels und der Rekrutierung von Kraftfahrzeugen durch das Militär wieder Hauptverkehrsträger des Tals. Im letzten Kriegsjahr erfolgten Bombenangriffe auf die Gurktalbahn. Dabei wurden in Pöckstein die 30-jährige Gretl di Bernardo und ihr 9-jähriger Sohn Rudi getötet und das Schloss Pöckstein beschädigt. Nach Kriegsende verboten die englischen Besatzer im Mai und Juni 1945 den Zugsverkehr. Danach wurden die durch Bombensplitter und Einschüsse beschädigten Lokomotiven und Waggons wiederhergestellt und der Zugbetrieb wieder aufgenommen. Kurz nach Kriegsende schafften die Betreiber die erste Diesellokomotive an, 1963 kam eine zweite dazu.

Die Bewohner des Tals nannten die Schmalspurbahn liebevoll „Zügle“ oder „Schnauferle“. In den ersten Betriebsjahren war eine Höchstgeschwindigkeit von fünfzehn Kilometern pro Stunde genehmigt, später waren es fünfunddreißig. Anfang der Sechzigerjahre fuhren die Züge fünf Mal im Tag durch das Gurktal in beide Richtungen. Die üblichen Sicherheitseinrichtungen gab es nicht: Um Zusammenstöße mit den Gegenzügen zu verhindern, gab es Trapeztafeln, bei denen der Lokomotivführer anhielt und ein Pfeifsignal gab. Antwortete der in der Bahnstation haltende Gegenzug mit einem Pfeifsignal, war die Weiterfahrt in die Station erlaubt. Bei besonderen Anlässen setzte die Bahn alle verfügbaren Waggons ein – vor allem beim Peterstag mit Krämermarkt in Gurk, der früher als der größte Feiertag im Gurktal galt.

Von schweren Unfällen blieb die Gurktalbahn glücklicherweise verschont. Einen spektakulären Zusammenstoß gab es am 4. Jänner 1957 auf der Eisenbahnkreuzung mit der Triester Bundesstraße in Pöckstein. Der Lenker eines mit Holz beladenen Lastwagens übersah den Zug. Beim Zusammenstoß wurden drei Waggons umgeworfen. Ein Ehepaar erlitt Verletzungen. Überschwemmungen und Erdrutsche beeinträchtigten einige Male den Bahnbetrieb. Am 24. November 1919 verlegte ein Erdrutsch die Gleise in der Haltestelle Drahtzug. Dieser Haltepunkt bestand seit 1938, er war auf Betreiben der Arbeiter des Drahtziehwerkes Jergitsch errichtet worden. Am 10. Oktober 1922 machte sich in der Station Gundersdorf ein Güterwaggon selbstständig, entgleiste und blockierte das Hauptgleis. Die Schülerin Maria Selinger verhinderte ein Unglück: die Tochter eines Schmiedemeisters lief dem herannahenden Abendzug entgegen und warnte den Lokomotivführer vor der Gefahr.

1923 gab es einen Sabotageakt – ein Deutsch-Griffener Knecht mit dem Spitznamen „Kittelverstandmichale“ brachte in Klein-Glödnitz einen Zug zum Entgleisen, nachdem ihm der Schaffner mehrmals das Mitfahren verweigert hatte.

DAS ENDE DER GURKTALBAHN

Im Jahr 1967 zeichnete sich das Ende für die Gurktalbahn ab. Im Mai 1967 stellten die ÖBB beim Verkehrsministerium den Antrag auf Einstellung der Bahn. Die Bürgermeister der Gurktaler Gemeinden protestierten dagegen und am 28. Juni 1967 beschlossen die Parteienvertreter im Landtag einstimmig den Antrag, den Landeshauptmann zu ersuchen, sich für die Fortführung des Zugsverkehrs einzusetzen. Die Gurktalbahn fuhr weiter. Allerdings kam es am 5. Juni 1968 zu einem Unfall. Starker Regen hatte bei Kilometer 20 die Gleisanlage auf einer Länge von sechs Metern unterspült. Eine Lokomotive entgleiste und kippte auf die bergseitige Böschung. Der Zugsführer und die drei Fahrgäste in den drei Personenwagen blieben unverletzt. Daraufhin stellte die ÖBB-Direktion Villach den Personenverkehr ein. Bis zum Fahrplanwechsel 1969 gab es einen Schienenersatzverkehr mit Autobussen, danach fuhren die Busse regulär. Die Eisenbahnbehörde genehmigte am 26. November 1968 die Einstellung des Zugsverkehrs zwischen Straßburg und Klein-Glödnitz. Im Mai 1969 wurde die Strecke nach Klein-Glödnitz ein letztes Mal befahren – vom Bauzug, der die Strecke abtrug. Von Straßburg bis Treibach-Althofen fuhren noch bis Februar 1972 Güterzüge. Der letzte Güterzug setzte sich am 11. Februar 1972 in Bewegung. Kurz danach begann man mit dem Abbau der Bahnanlagen bis auf den Streckenabschnitt von Pöckstein nach Treibach-Althofen. Dort nahmen die Eisenbahnfreunde des Vereins „Gurktalbahn – Kärntner Museumsbahn seit 1974" den Betrieb der Gurktalbahn wieder auf, als erste Museumsbahn Österreichs. Von Mitte Juni bis Mitte September fährt die Museumsbahn für Eisenbahnfreunde am Wochenende und an Feiertagen von Pöckstein-Zwischenwässern nach Treibach-Althofen und zurück.

DIE WALDBAHN IN GUNDERSDORF

Im Gurktal gab es eine zweite Schmalspurbahn. In der ersten Hälfte des 20. Jahrhunderts führte eine vier Kilometer lange Waldbahn von Gundersdorf durch den stetig ansteigenden Höllgraben nach Höllein. Sie diente der Holzgewinnung. Das Waldgebiet in Höllein gehörte in der zweiten Hälfte des 19. Jahrhunderts Gustav Graf Egger, der es 1890 veräußerte. 1897 erwarb Carl Auer von Welsbach den Waldkomplex und verkaufte ihn 1902 an Camillo Baron Treves dei Bonfili aus Italien, der noch im selben Jahr für die Holzgewinnung eine Waldbahn von Gundersdorf durch den Höllgraben nach Höllein errichten ließ. Die Bahn mit einer Spurweite von 760 Millimetern führte über acht kleinere Brücken den Bach entlang. Ursprünglich wollte man die Gleise der Waldbahn in der Halte- und Ladestelle Gundersdorf mit der Gurktalbahn verbinden, es kam aber nicht mehr dazu. Die Endstation befand sich bei der Dampfsäge, wo sich ein Holzlagerplatz befand. Die Dampfsäge wurde 1928 aufgelassen. Der Betrieb der Waldbahn erfolgte nach Bedarf. Lokomotiven gab es am Anfang keine. Die Wagen wurden von zwei Pferden in den Höllgraben gezogen. Die beiden mit Holz beladenen und mit einer Stange verbundenen Wagen rollten dann auf dem Gefälle von etwa 25 Promille zu Tal. Gebremst wurden die Wagen bei der Talfahrt von einem Bremser mit einer Spindelbremse. Es gab drei Garnituren zu je zwei Wagen.

Im Jahr 1914 erwarb Wilhelm Gorton den Waldbesitz in Höllein und damit auch die Waldbahn. Ab 1925 wurde eine kleine Benzinlokomotive der Marke „Austro-Daimler" eingesetzt. Sie wurde 1939 durch eine leistungsstärkere Lokomotive ersetzt. Die Lokomotive zog die Wagengarnitur talaufwärts. Hinunter ging es ohne Zugmaschine.

Die Waldbahn wurde 1958 eingestellt und es wurde eine Forststraße gebaut. Die Lokomotive, die Waggons und die Gleise wurden an eine Alteisenfirma in Klagenfurt verkauft.

DAS LIED VON DER GURKTALBAHN

Von der Gurktalbahn gibt es auch ein Lied. Ältere Gurktaler haben das „Lied von der Gurktalbahn" in der Schule gelernt und gesungen. Der Verfasser war nicht eruierbar.

Die Gurktålbåhn ist schmalspurig
und håt a enges Gleis.
Sie hätten's wohl gern breiter gmåcht,
doch z'hoch wår sehn dar Preis.

In Treibach fångt die Gurktålbåhn
schön stad zum Fåhren on,
Bua, nåchher gehts varteifelt gschwind
nåch Pöckstein råsch vurån.

Und Pöckstein ist die Hauptstation
der gånzn Gurktålbåhn,
dort is viel Wåssa, wie man sunst
går nindarscht finden kån.

Ban Hacklwirt, varflixte Gschicht,
då siagt man ka Station.
Man steigt lei aus und steat schon gschwind
dånn auf dar Kegelbohn.

Nach Gundersdorf die Schulbuam gehn,
dar Schaffnar sågt: „Steigts ein!“
„Na, na, sö Herr, dös tan ma net,
mir könntn z’spåt drån sein.“

Bei Mellach håts uns zuawedraht,
mein Gott, dar Gurk’n zua,
dar Wind håt gwaht, sie håt sie gschreckt
vor ana schwårzn Kuah.

Von Stråßburg is es ållbekonnt,
dåss durt die Leit sent schön.
Drum miaßn’s a zu jedem Zug
sich ånschaun låssn gehn.

Der Konduktör muass pfeifen oft
a gånze hålbe Stund,
bis ålle Leit gnua gsoffn håmb,
dås Bier is durt recht gsund.

In Gurk, då is dar größte Dom
vom gånzn Karntnarlånd,
drum steign dort nur Heilige ein,
sunst wärs fürs Tål a Schånd.

Von Zweinitz bis nåch Weitensfeld,
då geht die Foart schön gstad.
Von Weitensfeld bis Klanglödnitz,
do håts uns obedraht.

Der Konduktör springt ob und schreit:
„Mein Gott, is dås a Gfrett!
Jetzt liegt sie då, die Gurktålbåhn,
von Aufstehn is ka Red!“

Går praktisch is es eingfiat wårn,
auf jeder klan Station;
do hängt a saubas Kastle drån,
dos nennt man „Telefon".

Dos Guate is beim Telefon,
doss Männa ångstellt send.
Denn wonn durt lauta Weiba warn,
hätts Ratschen går ka End.

Kolumbus håt Amerika entdeckt
mit an großn Schiff.
Klanglödnitz is erfundn wårn
mit ana Lokomotiv.

Wenn dånn dar Zug zan Kömman is,
geh i schön stad davon;
Pfüat Gott, und kimm mir recht båld noch,
du scheane Gurktålbåhn!

Die Edlinger-Bauern im Gurktal

Wenn man von Weitensfeld über den Zammelsberg nach Feldkirchen fährt, kommt man an zwei Orten mit dem Namen „Edling“ vorbei. Das erste Edling befindet sich zwischen Kötschendorf und Lind und der zweite Ort zwischen Steuerberg und St. Ulrich. Die Straße war bereits im Mittelalter ein wichtiger Verkehrsweg. Der Ortsname erinnert daran, dass hier im Spätmittelalter „Edlinger“ beheimatet waren. Es handelte sich um freie Bauern, die besondere Rechte, aber auch Pflichten hatten.

Die Edlinger dürften sich bereits im Hochmittelalter herausgebildet haben. Spätestens um 1150 gab es in Kärnten einen Ort mit dem Namen „Edling“ („Edelinge“). Urkundlich ist ein Edlinger („Edelingerius“) im Jahr 1257 überliefert. Der steirische Historiker Fritz Popelka vermutete, dass die Edlinger unter der Karolinger-Herrschaft geschaffen wurden. Es waren freie Bauern, die wichtige Verwaltungsdienste übernahmen, wie den Kriegsdienst, den Straßenschutz, die Marktaufsicht und auch das Gerichtswesen. Laut dem Historiker Martin Wutte waren die Edlinger „anfangs freie Wehrbauern mit Waffenrecht“. Sie besaßen „kleine Huben als freies Eigen und mit Erbrecht“ und hatten eine eigene Gerichtsbarkeit und selbstgewählte Richter. Sie dürften die niedere Gerichtsbarkeit auf ihren Höfen und später in den daraus hervorgegangenen Dörfern ausgeübt haben. Ein Edlinger (Libertus, Libertinus) besaß freies Eigentum und war keinem Grundherrn unterstellt, er konnte Besitzteile vererben oder veräußern, ohne die grundherrschaftliche Obrigkeit um Erlaubnis zu fragen. Das freie Eigen wurde auch als Edlinger-Eigen, Edlinggut oder Edeltum bezeichnet. Die Bezeichnungen Edeltum und Edlinger-Gut wurden ab dem 15. Jahrhundert verwendet. Vom 14. bis zum 16. Jahrhundert wurden die Edlinger auch „Erbar“ oder „Erber“ genannt. Im Slawischen lautete die Bezeichnung „Kasazen“ oder „Kosezen“. In der gesellschaftlichen Hierarchie lagen die Edlinger

Hauptportal des Schlosses Straßburg.

Mehrgeschoßige Kapelle im Schloss Straßburg.

Portal: Nische und Inschrift
für Bischof Johannes VIII. Kardinal Goëss.

Schloss Straßburg und Nikolaikirche.

Schloss Straßburg: Sitz der Gurker Bischöfe vom 12. bis zum Ende des 18. Jahrhunderts. Kupferstich nach Valvasor.

Streckbank, ausgestellt in der erhaltenen Folterkammer des Schlosses Roggendorf in Pöggstall: Auf einem solchen Foltergerät „gestand" der Gurktaler Klement Reibeis, „mit dem Teufel im Bunde" zu sein.

Besonders schmerzhaftes Folterinstrument für „Hexen" und „Zauberer" in der Steiermark und in Kärnten: Nachbau eines „Zaubererstuhls" im Hexenmuseum auf der Riegersburg.

Die Leonhardskirche in Höllein stammt aus dem 11. Jahrhundert.

Leonhardskette um die Kirche und schießschartenähnliches Fenster.

Tatarenbrunnen in Zweinitz mit dem Wappen der Familie Jochner von Prägrad.

*Tatermann auf der Hochrindl:
Die heutige Statue ist bereits die dritte.*

Erbhuldigung von 1740 mit dem Herzogbauern: Ausschnitt aus dem Gemälde von Ferdinand Fromiller im Wappensaal des Landhauses.

zwischen den von ihrer Grundherrschaft abhängigen Bauern und dem niederen Adel. Ihre Höfe lagen oft an wichtigen Straßen oder strategisch wichtigen Orten. Einige Edlinger wurden Ministeriale, verwalteten Burgen und stiegen so in den niederen Adel auf. Edlinger stifteten auch Kirchen. In Kärnten gab es zahlreiche Edlinger-Bauern. Laut Ernst Klebel dürfte es in Unterkärnten mindestens vierhundert Edlinger gegeben haben und in Oberkärnten zehn bis zwanzig. Edlinger waren auch in der Steiermark, im Lungau, im Herzogtum Krain und in Istrien ansässig. Die Edlinger bildeten laut Martin Wutte „eine eigene Standesklasse und Verbände". Die Mehrzahl der Edlinger war in Ämter zusammengefasst. In Klagenfurt gab es ein landesfürstliches Amt, das für die Edlinger zuständig war. Das Gurnik-Amt wurde 1411 erstmals urkundlich erwähnt. Nach Wutte geht die Bezeichnung auf das slawische Wort „kur" für Huhn zurück. Hühner waren die häufigste Vogteiabgabe der Edlinger. Es gab auch die Hafervogtei als einzige Getreideabgabe. Später entstand der Begriff Edlingeramt. Einer der bedeutendsten Edlinger war der Herzogbauer in Blasendorf auf dem Zollfeld. Er hatte das Recht, den Herzog von Kärnten in einer Zeremonie am Fürstenstein bei Karnburg „einzusetzen“. Josef Herzog-Edlinger war der letzte Herzogbauer der Edlinger-Familie in Blasendorf. Er starb verarmt 1823 in Klagenfurt. Der Edlingerhof wurde in der zweiten Hälfte des 19. Jahrhunderts abgerissen.

Im Gurktal waren eine Reihe von Edlinger-Bauern beheimatet. Auf der Kraßnitz ober Straßburg sind ein Arnold „Tobechazze de Chrazniz“ und dessen Sohn dokumentiert. Sie erhielten 1195 und 1204 von der Gurker Kirche Grundbesitz auf Lebenszeit – unter Ausschluss des Lehensrechts. Im Bistum Gurk wurde der Bischof von den Edlingern als ihr Vogt („Advocatus“) bezeichnet. Die Vogtabgaben an den Bischof bestanden aus vier Hühnern. Im bischöflichen Urbar aus dem Jahr 1404 ist unter anderem der Edlinger „Nikil de Malapitsch“ (nördlich von Straßburg) erwähnt. Edlinger hatten im Bistum Gurk bestimmte Verpflichtungen gegenüber dem österreichischen Landesherrn zu erfüllen, wenn er zu Besuch kam *(„Si contigeret unum dominorum Austrie huc venire“)*. Die Edlinger mussten dann Holz für den herzoglichen Küchenbedarf zuführen. Nach dem Urbar des Bischofs von Gurk aus dem Jahr 1326 wurden Bewohner von „Rayn bei Weytensfeld“ verpflichtet, beim Zubringen der Schwemmhölzer und bei der Heuarbeit Dienste für den Bischof (als Vogt) zu verrichteten. 1404 mussten fünf Edlingergüter („predia dicti Edlinger“) diese Frondienste leisten. Auf dem Weg Richtung Flattnitz gibt es heute noch eine kleine Siedlung Rain.

Im ausgehenden Spätmittelalter verloren die Edlinger an Bedeutung. Sie lösten sich allmählich auf. Viele Edlinger zogen in die Städte und Märkte und wurden Bürger, etwa in den reicher gewordenen Städten St. Veit und Klagenfurt; einige Edlinger rückten als Ministeriale auf. Zahlreiche Edlinger verloren ihren freien Grundbesitz. Heute erinnern neben Ortsnamen auch Hofbezeichnungen an diesen freien Bauernstand, etwa der Edlinger-Hof in Glödnitz (vlg. Polnigger).

Der „Schwarze Tod" im Gurktal

Das Jahr 1348 ging als großes Katastrophenjahr in die Geschichte Kärntens ein. Ein gewaltiges Erdbeben führte am 25. Jänner 1348 zum Absturz eines Teils des Dobratsch, es gab Heuschreckenschwärme und eine tödliche Seuche bedrohte die Bewohner Kärntens – die erste verheerende Pest-Epidemie im Spätmittelalter. Die Seuche schwappte von Italien nach Kärnten über und breitete sich in wenigen Jahren in vielen europäischen Ländern aus. Bis 1352 dürften etwa 25 Millionen Menschen an der Pest gestorben sein, es handelte sich um jeden dritten Bewohner des Kontinents. Auch im Gurktal erkrankten viele Menschen, die meisten von ihnen starben.

Im 17. und 18. Jahrhundert wütete der „Schwarze Tod" erneut in Kärnten. Nachgewiesen ist das Auftreten der Epidemie in den Jahren 1614, 1646 und 1679 sowie von 1713 bis 1716.

Zur Bekämpfung der todbringenden Epidemie wurden die Grenzen Kärntens besonders überwacht. Reisende, die nicht nachweisen konnten, dass sie aus einem pestfreien Ort kamen, durften nicht ins Land. Bettler, Vagabunden und verdächtige Personen wurden zurückgewiesen. Die Behörden richteten „Contumazorte" für die Quarantäne ein. Am 14. November 1614 berichteten der Stadtrichter und der Rat von St. Veit an der Glan nach Klagenfurt, dass die Pest in Straßburg aufgetreten sei *„vnnd daselbst grausamblich grassiere"*. Als 1679 die gefährliche Krankheit in der Steiermark auftrat, wurde mit einem kaiserlichen Patent vom 19. Oktober 1679 an alle *„geistlichen und weltlichen Behörden in Innerösterreich wegen der Kontagions-Krankheit auf dem Lande"* eine strenge Überwachung des Reiseverkehrs verfügt. Straßen, Wege, Pässe und andere Verkehrswege wurden bewacht, Bettler, Vagabunden und Fremde wurden abgewiesen. Nur wer eine Bestätigung („Fede") vorweisen konnte, dass er aus einem „gesunden" Ort kommt, durfte weiterreisen. Im Mai 1680 erkrankten einige Bewohner von Hirschegg im steirischen Packgebiet und in einigen Orten im oberen Lavanttal an der Pest. Die Region gehörte damals zum Bistum Bamberg. In Preitenegg wurden 15 Pesttote gezählt. Zwei betroffene Häuser in Preitenegg wurden von Soldaten abgeriegelt. Die Armeeleute hatten den Befehl, auf jeden Menschen zu schießen, der ein isoliertes Haus verlässt. „Pest-Kommissär“ Georg Friedrich von Siegersdorf ließ die beiden Häuser niederbrennen und die Erkrankten wegführen. Trotzdem wurden weitere Menschen in Preitenegg infiziert; bis 2. Juli 1680 gab es 52 Tote. Im darauffolgenden Monat ließ die Epidemie nach und zu Weihnachten 1680 wurde die Absperrung Preiteneggs aufgehoben. Von den 188 Bewohnern kamen 77 um.

In einer 1788 erschienenen deutschen Übersetzung des „Lexicon medicum“ hieß es unter dem Stichwort „Pestis“: *„Pestis; die Pest; ist eine herrschende Seuche, welche in einigen, besonders warmen Ländern, häufiger und unter einer gefährlichern Gestalt vorkomt, als in anderen Weltgegenden, und die von einem besondern Ausgangsstoffe, der sich ungemein vervielfältiget und von einem Körper in den andern übergehet, ihren Ursprung hat. Dieses bösartige Uebel, welches mehrere Menschen zugleich auf eine verborgene und noch unerkannte Weise plötzlich überfällt, verursacht die heftigsten Fieber, drükt die Lebensgeister nieder, löst die Säfte und das Blut auf, oder macht es gerinnen, und veranlast in den festen Teilen den kalten und troknen Brand; hiezu gesellen sich noch bösartige Hautausschläge, Geschwulsten der Ohrendrüsen, Schambeulen, Karfunkel und die sogenannten Pestbeulen nebst andern fürchterlichen Zufällen, die die Kranken in die eusserste Lebensgefahr stürzen.“* Die Behandlungsmethoden waren meist wirkungslos. Die einzigen sinnvollen Maßnahmen zur Eindämmung der Ausbreitung der Krankheit waren das Vermeiden von Kontakten und die Absonderung von Kranken. Die Ärzte und Helfer trugen Lederkleidung und Pesthauben, um eine „Kontagion“ (Ansteckung) zu verhindern.

Im Spätsommer 1713 verbreitete sich die Pest von Wien aus über die Steiermark nach Kärnten. Die „Kärntnerische Hauptkommission“ verfügte eine Reihe von Maßnahmen. Die

Grenze zur Steiermark wurde geschlossen und die „Grenz-Confinen" wurden überwacht. An wichtigen Übergängen gab es Wachtposten, unter anderem auf der Flattnitz, da hier der Saumweg von Tamsweg nach Glödnitz und Deutsch-Griffen vorbeiführte. Die Hauptkommission informierte den Bischof von Gurk, dass dieser die Grenzübergänge zur Steiermark scharf zu bewachen und Wächter zu finanzieren hätte. Die Hauptkommission sowie die Stadt- und Marktrichter wurden über den Verlauf der Krankheit in Kärnten von Vertrauensmännern mit regelmäßigen Berichten („Diarien") informiert.

Der Historiker und Geistliche Simon Martin Mayer (1788–1872) erwähnte 1818 in einem Artikel in der Zeitschrift „Carinthia" die Ausbreitung der Pest im Lavanttal: *„Die Jahre 1713, 1714 und 1715 waren es, wo die Pest ihren bleiernen Fittich über die Saualpe her in dieses Thal senkte. Die auf dieser Alpe liegenden und zum Theile zunächst angränzenden Ortschaften wurden das erste Opfer derselben: die Gemeinden der Pfarre St. Michael und ihrer Tochterkirchen des hohen Forst´s, Lausing's, Eselsdorf's und Hattendorf's."* Im Sommer 1715 breitete sich die Pest im mittleren Gurktal aus. Der Bischof von Gurk als Landgerichtsinhaber stellte Pestwächter auf. In Glödnitz starben einige hundert Bewohner. Laut dem Raitbuch (Jahresrechnungsbuch) von 1715/16 des bischöflichen Rentamts in Straßburg verloren im Jahr 1715 insgesamt achtzehn bischöfliche Huben ihren Inhaber an der „Contagion", der „leidigen Seuche", unter anderem im Rastenfelderamt, im Tameggeramt und in der Herrschaft Albeck. Auf zwei bischöflichen Höfen starben alle Bewohner an der Pest. Um die Ausbreitung der Seuche zu verhindern, wurden vor dem Schloss Straßburg und in Glödnitz eigene Wachen aufgestellt. Wegen der Pest konnte das Stift Admont das jährliche Salzdeputat nicht an den Bischof nach Straßburg liefern. Am 17. September 1715 berichtete der Gurker Dompropst Franz Otto von Kochler der Hauptkommission in Klagenfurt, dass der Gurker Schneidermeister Lukas Gurlitsch, der auf der anderen Seite der Gurk wohnte, erkrankt sei. Er habe ein Glas Branntwein mit „Pibergeil" ausgetrunken. Seinem Gesellen habe er mitgeteilt, dass er am Unterleib eine eigroße Beule habe. Kurz darauf sei er gestorben. Danach habe der Dompropst die Brücke über die Gurk abreißen lassen.

Ein Bettler, der aus Glödnitz nach Weitensfeld kam, dürfte die Krankheit in den Ort mitgebracht haben. Stark betroffen von der Seuche waren auch Gurk und Straßburg. Dompropst Kochler berichtete am 13. November 1715 der Hauptkommission, dass in Weitensfeld innerhalb kurzer Zeit fünfzehn Menschen gestorben seien. Er beklagte sich über das widerspenstige Verhalten der Weitensfelder, die lieber sterben würden, als ins Lazarett zu gehen. Laut dem Marktschreiber von Weitensfeld seien zwei oder drei Weitensfelder an Hunger zugrunde gegangen. Die Kommission glaubte an Vertuschung der Ausmaße der Pest und drohte dem Marktschreiber eine Strafe an. Der Gurker Ratsbürger Andre Gottlieb Struz wurde zum Unterkommissär für Weitensfeld bestellt. Er starb kurz darauf an der Pest. Am 8. Februar 1716 berichtete der Hauptkommissär dem Domprobst, dass in Weitensfeld zwei weitere Bewohner an der Pest verstorben seien. Der Kommissär vermutete, dass der Domprobst diese Toten verschwiegen habe, um den Ort nicht absperren zu müssen. Von Juni 1715 bis Ende Februar 1716 starben in Weitensfeld 69 Menschen an der Seuche, das entsprach etwa einem Viertel der Bewohner. In Glödnitz gab es in dieser Zeit 319 Pesttote, in Altenmarkt 56, in Gurk 16 und in Straßburg 35. Nicht alle Erkrankten starben an den Folgen der Pest: In Glödnitz wurden 18 Wiedergenesene gezählt, in Altenmarkt 8, in Weitensfeld 36, in Gurk 7, in Straßburg 2, in Dobersberg 14 und auf der Kraßnitz 5. Nach 1716 war die Pestepidemie in Kärnten überwunden.

Das jährlich zu Pfingsten in Weitensfeld abgehaltene Kranzelreiten geht teilweise auf die Pest zurück. Mit einem dreimaligen Ritt durch die Marktstraße wird die „Pest ausgetrieben". Und der anschließende Wettlauf um die Jungfrau erinnert daran, dass nur drei Weitensfelder Bürgersöhne und das Burgfräulein von Schloss Thurnhof die Pest überlebt haben.

Hemma von Gurk: Legende und Wirklichkeit

Im Gurker Dom befinden sich an den beiden Seitenwänden je drei Relief-Tafeln. Die eindrucksvollen spätgotischen Kunstwerke, geschaffen Anfang des 16. Jahrhunderts von „Meister Lienhart", zeigen legendenhafte Szenen aus dem Leben und Wirken der heiligen Hemma von Gurk. Auf dem ersten Hemma-Relief an der linken Seitenwand ist die Ermordung der beiden Söhne Hemmas durch aufständische Bergknappen dargestellt, das zweite Bild zeigt den Abschied von Hemmas Mann Wilhelm, der zu einer Pilgerreise aufbricht, nachdem er sich an den Mördern seiner Söhne blutig gerächt hatte.

Diese Darstellungen entsprechen dem volkstümlichen Bild über das Leben von Kärntens Volksheiliger und ihrer Familie. Wilhelm von Zeltschach soll auf der Rückkehr von der Pilgerreise nach Rom an Erschöpfung gestorben sein und sein Leichnam soll im Steinsarkophag in der Kirche Gräbern im Lavanttal ruhen. Viele andere Legenden und Wunderberichte, bis heute verbreitet in Sagenbüchern und anderen Werken, ergeben das Bild einer gerechten, wohltätigen, Wunder wirkenden und von Schicksalsschlägen getroffenen Frau, die aus dem Hochadel stammte und am Kaiserhof erzogen wurde.

Alles diese Darstellungen entsprechen nicht der Wirklichkeit. Über Hemma von Gurk gibt es keine echten Urkunden und die Legenden wurden lange nach ihrem Tod niedergeschrieben.

Hemma von Gurk wäre nach ihrem Tod fast in der Geschichtsschreibung untergegangen. Denn Salzburgs Erzbischof Gebhard ließ knapp drei Jahrzehnte nach Hemmas Tod das von ihr 1043 gegründete und mit Gütern in Kärnten und Krain reich ausgestattete Kloster in ihrem Lieblingsort „Gurkhoven" (Gurk) wegen angeblicher „Zuchtlosigkeit" und „Regelwidrigkeit" der Nonnen schließen. Der Erzbischof verwendete den Besitz für die Ausstattung des von ihm 1072 gegründeten, von Salzburg abhängigen Bistums Gurk. Als Gründer des Bistums wurde Erzbischof Gebhard erwähnt und nicht die eigentliche Stifterin Hemma. Auch bei der Gründung des Stiftes Admont im Ennstal wurde Hemma übergangen und wiederum nur Gebhard als Stifter genannt, obwohl die Gründung des Männerklosters Hemmas Vermächtnis entsprach und sie dafür Gebhards Vorgänger, Erzbischof Balduin, reichen Grundbesitz im oberen Ennstal übergeben hatte. Gebhard machte Admont zu einem Eigenkloster der Salzburger Erzbischöfe.

Über das Leben der Gräfin Hemma kann Folgendes angenommen werden: Ihr reicher Besitz beruhte auf Königsschenkungen Ende des 9. Jahrhunderts. König Arnulf („von Kärnten") schenkte im Jahr 895 dem Adeligen Waltuni reichlichen Grundbesitz, darunter Güter im Trixnertal, in Diex, in Reichenburg und in Gurkfeld im heutigen Slowenien sowie in der Obersteiermark. Zwei weitere Königsschenkungen erfolgten im Jahr 898: Der Edle Zwentibold (Zwentibolch), wie Waltuni ein Gefolgsmann des bayerischen Markgrafen Luitpold, erhielt von Arnulf, der 894 in Rom zum Kaiser gekrönt worden war, einerseits den Hof Gurk, der vermutlich in der Gegend des heutigen Ortes Lieding stand, den größten Teil des Gurktals und den Ort Zeltschach und mit der weiteren Schenkung das Metnitztal und die Nebentäler. Die Schenkungen Arnulfs an Waltuni und Zwentibold waren wahrscheinlich spätestens unter deren Nachfahrin Imma in einer Hand.

Immas Enkelin Hemma, geboren zwischen 980 und 990, war mit Markgraf Wilhelm II. verheiratet. Er verwaltete die Grafschaften Friesach und an der Sann. Der deutsche König und spätere Kaiser Konrad II. beschenkte Wilhelm II. großzügig mit Grundbesitz. Hemmas Mann starb nicht, wie in Legenden verbreitet, auf der Rückkehr von einer Pilgerreise, sondern er wurde Opfer eines Konflikts zwischen Konrad II. und Adalbero von Eppenstein, dem – ersten einheimischen – Herzog von Kärnten. Dieser wurde in einem Hofgerichtsverfahren im Juni 1035 wegen einer Verschwörung gegen den Kaiser als

Kärntner Herrscher abgesetzt und verlor sämtliche Reichsämter. Bei den Kämpfen wurden im Jahr 1035 auch der kaisertreue Wilhelm II. und vermutlich auch dessen gleichnamiger Sohn getötet. Wilhelm II. und Hemma dürften einen zweiten Sohn mit dem Namen Hartwig gehabt haben. Dieser dürfte früh verstorben sein.

Nach dem Tod ihres Mannes und ihrer Söhne zählte Hemma zu den reichsten Frauen im Ostalpenraum. Ihre Besitzungen erstreckten sich von Friaul über die Ober- und Untersteiermark in das Sanntal und in den Raum Cilli. Da sie keine Erben hatte, beabsichtigte sie, zwei Klöster zu gründen. Das Kloster in Gurk wurde am 15. August 1043 vom Salzburger Erzbischof Balduin eingeweiht. Benediktinerinnen vom Salzburger Nonnberg bezogen das Kloster, die erste Äbtissin des adeligen Damenstifts hieß Ita. Hemma dürfte selbst als Laienschwester in das Kloster eingetreten sein. Sie starb an einem 29. Juni, vermutlich im Jahr 1045. Hemma gründete neben dem Stift Gurk auch eine Reihe von Kirchen, darunter in Gurk, Lieding, Glödnitz, Grafendorf bei Friesach, St. Radegund am Hohenfeld, Lorenzenberg bei Micheldorf, St. Georgen am Weinberg und St. Margarethen bei Töllerberg sowie vermutlich auch die Kirchen in Pisweg, St. Georgen bei Straßburg, auf der Kraßnitz und in Wieting.

Schon am 21. März 1070 hatte sich Erzbischof Gebhard von Papst Alexander II. die Erlaubnis geholt, ein Bistum zu gründen – noch ohne Ortsangabe. Am 4. Februar 1072 stimmte der deutsche König Heinrich IV. der geplanten Bistumsgründung in Gurk zu. Am 6. März 1072 weihte der Salzburger Erzbischof in der Marienkirche in Gurk Gunther von Krappfeld zum ersten Bischof von Gurk. Dieser hatte weder eine Diözese noch ein Domkapitel, sondern er bezog seine Einkünfte aus den Gütern der Hemmastiftung. Der dritte Bischof von Gurk, Hiltebold, der das Amt von 1106 bis 1131 innehatte, führte in Gurk die Augustinerchorherren-Regel ein und richtete 1124 ein eigenes Domkapitel ein, dem er einen Teil der ehemaligen Hemma-Güter zuwies.

HEMMA-VEREHRUNG

Dass Hemma noch Ende des 12. Jahrhundert als wundertätige Frau populär wurde, hat sie einer illegalen Aktion zu verdanken: Im Bestreben Gurks, sich von Salzburg abzuspalten und den Bischof selbst wählen zu können, fälschte der Gurker Kaplan Conrad in den 1170er-Jahren Urkunden, in denen Hemma als Nichte des Kaisers Heinrich II. sowie als Gründerin der Diözese und des Domkapitels Gurk bezeichnet wurde. 1174 wurden die Gebeine Hemmas in der kurz zuvor fertiggestellten 100-säuligen Krypta des Gurker Doms beigesetzt. 1287 erfolgte die Kultbestätigung („Seligsprechung") Hemmas. Damals wurde bereits von vielen Wundern berichtet, die sich nach Anrufung Hemmas zugetragen haben sollen. Der Hemma-Kult steigerte sich. Besuchern der Hemma-Messe in Gurk wurde ein Ablass gewährt. Bischof Ulrich Sonnenberger initiierte Mitte des 15. Jahrhunderts ein Heiligsprechungsverfahren, das von den Kärntner Landständen und Kaiser Friedrich III. unterstützt wurde. Papst Paul II. beauftragte 1466 eine Kommission mit der Beweisführung; eine Unterkommission prüfte in Gurk das Leben, die Verehrung und die Wunder Hemmas und befragte viele Zeugen. Das Heiligsprechungsverfahren wurde aber in Rom nicht weitergeführt, auch weitere Versuche im 18. und 19. Jahrhundert scheiterten. Bischof Valentin Wiery wandte sich im Dezember 1879 mit einem Gesuch an Papst Leo XIII., allerdings starb Wiery 1881, sodass die Bemühungen wieder zum Erliegen kamen. Pater Josef Löw brachte Anfang der 1930er-Jahre mit seinen Hemma-Forschungen wieder Bewegung in den Heiligsprechungsprozess. Er wurde von den Bischöfen von Gurk, Lavant/Marburg und Laibach unterstützt. Am 5. Jänner 1938 bestätigte Papst Pius XI. die Heiligsprechung Hemmas, fast neunhundert Jahre nach ihrem Tod und zwei Monate vor dem Einmarsch der nationalsozialistischen Truppen in Österreich.

In einer Ecke der Krypta im Gurker Dom befindet sich neben dem Grab der heiligen Hemma seit dem 17. Jahrhundert der Hemma-Stein, der früher vor dem Dom stand. Gläubige setzen sich auf den Hemma-Stein, um von Krankheiten geheilt zu werden oder damit sich ein lang ersehnter Kindersegen einstellt. Auf vielen Mirakelbildern werden die Wunder dargestellt, die Hemma zugeschrieben werden.

Hemma ist nicht nur Volksheilige Kärntens, sie wird auch außerhalb Kärntens verehrt, hauptsächlich in Slowenien und in der Steiermark. Auch in Wien gibt es zwei Hemma-Pfarren, in denen jedes Jahr ein Augensegen abgehalten wird – in der Pfarre Mariahilf im 6. Bezirk und in der Hemma-Pfarre in der Wattmanngasse im 13. Bezirk. Sogar in Kenia gibt es seit 1989 eine der heiligen Hemma geweihte Kirche.

MARKT GURK

Ein „Hof Gurk“ wurde erstmals 864 in einer Urkunde genannt – als Besitz des Erzstiftes Salzburg. Wo sich dieser Hof im Gurktal genau befand, ist nicht bekannt. Möglicherweise handelte es sich um eine gefälschte Urkunde. In der Schenkungsurkunde des Kaisers Arnulf für den Edlen Zwentibold 898 ist ebenfalls ein Hof Gurk erwähnt. Nach der Gründung des Gurker Domkapitels 1124, dem Bau des Gurkers Doms ab circa 1160 und der beginnenden Hemma-Verehrung erfolgte der Aufschwung der Siedlung Gurk. Der Wallfahrtsort lebte vor allem von den Hemma-Pilgern. 1227/28 wurde Gurk erstmals als „Forum“ (Markt) bezeichnet und 1298 wurden erstmals Gurker „Bürger“ erwähnt. 1455 verfügte Kaiser Friedrich III., dass die Bewohner von Gurk – und Weitensfeld – den Bürgern der anderen landesfürstlichen Städte und Märkte rechtlich gleichgestellt werden.

Die Gurker Fälschungen

Als Salzburgs Erzbischof Gebhard, laut dem Historiker Heinz Dopsch ein „zielstrebiger wie skrupelloser Kirchenfürst", am 6. Mai 1072 in der Marienkirche Hemmas in Gurk Gunther von Krappfeld als ersten Bischof von Gurk weihte, konnte er auf eine reiche Ausstattung für seinen neuen Hilfsbischof im Gurktal zurückgreifen – die Güter der Hemma-Stiftung. Vorher hatte Gebhard das Hemmakloster schließen lassen. Der Gurker Suffragan des Salzburger Erzbischofs hatte vorerst keine Diözese und kein Domkapitel. Hiltebold, Gurker Bischof von 1106 bis 1131, gründete 1123 ein geistliches Domstift, indem er die Regel der Augustiner Chorherren einführte. Ein Jahr später entstand das Domkapitel, dem Hiltebold einen Teil der Hemma-Güter zuwies. Der Bischof von Gurk erhielt 1131 auch einen kleinen Diözesansprengel. Er umfasste Sirnitz, Deutsch-Griffen, Zammelsberg, Weitensfeld (Altenmarkt), Pisweg, Lieding, Hohenfeld, Feistritz bei Grades, Metnitz, St. Stefan/Krappfeld, Meiselding, Kraig, Obermühlbach, Pulst, Glantschach, Friedlach und St. Urban ob Glanegg.

Der bedeutendste Gurker Bischof des Hochmittelalters, Hiltebolds Nachfolger Roman I., Bischof von 1131 bis 1167, erhielt 1144 das Recht eingeräumt, den Zehent einzuheben. Dadurch wurde Gurk zu einer vollwertigen Diözese, die zwar immer noch klein war, aber nun eigene Einkünfte hatte. Kaiser Friedrich I. Barbarossa schätzte Bischof Roman und betitelte ihn auch als „Fürst", obwohl dieser im Investiturstreit auf der Seite des Papstes stand.

Ein knappes Jahrzehnt nach Romans Tod verstärkte Gurk die Bemühungen zur Abspaltung vom Erzbistum Salzburg. Kaplan Conrad (1155–1178), ein bischöflicher Kanzleiangestellter in Gurk, schrieb Geschichte – indem er die Geschichte umschrieb. Er gilt als Verfasser der in den Siebzigerjahren des 12. Jahrhunderts angefertigten gefälschten Urkunden, mit denen sich das kleine Bistum Gurk unabhängig machen wollte

– mit Reichsunmittelbarkeit und dem Recht der freien Bischofswahl. Kaplan Conrad bezeichnete in seinen gefälschten Urkunden Gräfin Hemma als Nichte des Kaisers Heinrich II. und als Gründerin der Diözese und des Domkapitels Gurk. Die echten Urkunden, in denen Hemma erwähnt wurde, dürften damals vernichtet worden sein.

Eine der Urkundenfälschungen Conrads betraf die angebliche Schenkung von Gütern im Metnitztal und im Raum Friesach im Jahr 899 von Kaiser Arnulf an den Edlen Zwentibold, dem mutmaßlichen Vorfahren der Hemma von Gurk. Nach einer von Conrad um 1170 gefälschten und mit 6. Jänner 1043 datierten Urkunde Conrads sollte bewiesen werden, dass Hemma vom Salzburger Erzbischof Balduin für die Gurker Marienkirche und acht weitere Eigenkirchen bestimmte Kirchenrechte erhalten hätte. In einer weiteren, mit 2. Februar 1043 datierten Fälschung wurden Hemma bestimmte Rechte für ihre Kirche und ihr Kloster erteilt. Das Kloster bestand aber zu diesem Zeitpunkt noch nicht. Auch die „Stiftungsurkunde“ des Gurker Frauenklosters vom 15. August 1043 könnte gefälscht sein. In einer mit 9. Jänner 1072 datierten Fälschung „bestätigt“ König Heinrich IV. alle von Hemma der Gurker Kirche geschenkten Güter sowie den Frauenkonvent. Damit sollte auch bestätigt werden, dass der Besitz des Gurker Bistums von Hemma stammte. Außerdem sollte bewiesen werden, dass der erste Gurker Bischof, Gunther von Krappfeld, im Jahr 1072 bereits von einem Kanonikerkapitel gewählt worden sei. Das Domkapitel wurde wie erwähnt allerdings erst 1124 eingerichtet. Eine Fälschung ist auch das „Testament“ Hemmas. Mit weiteren Fälschungen wurden weitere Rechte und Vorteile erworben und zwei Mal wurde das Bistumsgebiet vergrößert. Nach einem Streit zwischen Gurk und Salzburg um das Gebiet Reichenau legte der Gurker Bischof eine gefälschte Urkunde aus 1216/1218 vor, in der das Bistumsgebiet und seine Grenzen so dargestellt waren, dass auch das Pfarrgebiet von St. Lorenzen bei Reichenau erfasst war. Ein Schiedsspruch der Äbte von Millstatt und Ossiach beendete den Gebietsstreit zugunsten der Diözese Gurk.

Urkundenfälschungen waren im Mittelalter üblich und einige Gurker Fälschungen bzw. deren Abschriften wurden später von Salzburg anerkannt.

Die Gurker Fälschungen fielen in die Zeit der Kirchenspaltung, damals gab es über mehrere Jahre gleichzeitig zwei Päpste, zwei Salzburger Erzbischöfe und zwei Gurker Bischöfe.

Schon 1144, drei Jahrzehnte vor den Fälschungen Conrads, wurde unter dem Gurker Bischof Roman I. ein Dokument hergestellt, das vom Erzbischof Konrad I. von Salzburg stammen sollte und mit dem der Gurker Kirche ihr gesamtes Besitztum sowie die freie Wahl des Bischofs, des Propstes und des Vogtes zugesichert wurde. Papst Luzius II. unterfertigte 1145 diese Fälschung guten Glaubens. Tatsächlich war aber nach wie vor der Erzbischof von Salzburg rechtlich für die Einsetzung seines Hilfsbischofs zuständig.

Die Gurker Fälschungen führten nicht zum erwünschten Erfolg. Die Auseinandersetzungen zwischen Gurk und Salzburg gingen weiter. 1232 entschied der Papst, dass der Erzbischof von Salzburg dem Domkapitel Gurk drei Kandidaten für die Bischofswahl vorschlagen sollte. Gurk war damit nicht einverstanden. Der Streit eskalierte und der Salzburger Erzbischof bannte sogar den Bischof und das Domkapitel. Die Päpste und die Habsburger beanspruchten immer wieder das Besetzungsrecht. Mit dem Wiener Rezess von 1535 wurde ein Kompromiss geschlossen: Der habsburgische Landesfürst sollte zwei Mal hintereinander und der Erbischof von Salzburg das dritte Mal das Besetzungsrecht ausüben. Nicht immer hielten sich die Habsburger an diese Regelung.

Die Gurker Fälschungen hatten eine Nebenwirkung: sie beflügelten den Hemma-Kult und trugen dazu bei, dass Hemma zur „Volksheiligen“ Kärntens wurde.

Großbrände und Überschwemmungen

Im Laufe der Jahrhunderte richteten immer wieder Großbrände in den Ortskernen von Weitensfeld, Gurk und Straßburg schwere Schäden an. Noch im 19. Jahrhundert waren viele Häuser aus Holz gebaut und das Feuerlöschwesen und der Brandschutz waren nicht ausgeprägt. Die Brände entstanden oft durch unsachgemäßes Bedienen der Öfen und Herde; Schmieden befanden sich deshalb meist etwas außerhalb des Ortskerns.

Vor zwei Jahrhunderten führte in Weitensfeld ein Freudenfeuer zur Katastrophe. Als nach dem Sieg der Alliierten über Napoleons Heer in der Völkerschlacht bei Leipzig die siegreichen Truppen in die französische Hauptstadt Paris einzogen, darunter viele österreichische Soldaten, trafen die Bewohner in Weitensfeld am 17. April 1814 zu einer Feier zusammen. Gegen halb acht Uhr abends kam es zur Katastrophe: Der Stall des Anwesens Nr. 25 (heute vlg. Pfandl) brach vermutlich durch Funkenflug ein Feuer aus, das innerhalb kurzer Zeit auf die angrenzenden Gebäude übergriff. Stunden später brannten fünfundvierzig Häuser und die dazugehörigen Stallungen. „Der rote Himmel in Weitensfeld störte die gleiche Feier in Gurk", hieß es in einer Aufzeichnung über den Großbrand.

Der Anwalt Anton Balthasar und der Gurker Dechant Leopold Anton Praskowitz eilten nach Weitensfeld und leiteten mit anderen Bewohnern die Löscharbeiten. Vor den Flammen gerettet werden konnten die Kirche und die umliegenden Häuser, darunter das Mesnerhaus, in dem sich seit 1790 auch die Schule befand. Weiters blieben einige Häuser am Platz vom Feuer verschont, hier war die Feuerspritze aus Gurk im Einsatz. In einem Gewölbe im Haus Nr. 26 fanden die Helfer drei Tote. Die Häuser Nummer 1 bis 45 und die dazugehörenden Ställe waren zerstört. Der Schaden wurde mit mehr als 185 000 Gulden berechnet. Der Fleischhauer Johann Witzling erlitt einen Schaden von 28 000 Gulden, sein Gebäude stand an der Stelle, wo sich heute das Herzele-Haus befindet. Im Haus des Marktrichters und Kaufmanns Johann Gorton verbrannten viele Wertgegenstände und Bargeld: Gorton erlitt einen Schaden von 16 700 Gulden.

In den Tagen und Wochen nach der Brandkatastrophe setzte eine große Hilfsbereitschaft ein. Die Pfarren in den Nachbargemeinden, der Landrichter von Straßburg, der Pfleger von Albeck und viele wohlhabende Kärntner spendeten Lebensmittel und Getreide. Es gab einige Wohltätigkeitsveranstaltungen zugunsten der Geschädigten der Brandkatastrophe. Geldbeträge kamen von verschiedenen karitativen Einrichtungen. So spendete die „Gesellschaft dramatischer und musikalischer Kunstfreunde“ in Klagenfurt 880 Gulden, wie die Zeitschrift „Carinthia“ vermerkte. Johann Gorton und Johann Pfandl verzichteten auf ihren Anteil an den Spenden, ebenso Josef und Johann Witzeling sowie Anton und Simon Marko. Eine Lehre wurde aus dem Großbrand in Weitensfeld gezogen: Die Bezirksobrigkeit und Munizipalherrschaft Gurk verfügte, dass die Häuser aus Stein und nicht mehr aus Holz gebaut werden müssen.

Der Großbrand von 1814 war nicht die einzige Feuersbrunst in Weitensfeld. Im Lauf der Jahrhunderte gab es mehrmals Brandkatastrophen, bei denen die meisten Häuser im Markt zerstört wurden. Erst nachdem bei einem Großbrand 1890 ein großer Teil der Häuser in der Marktstraße abgebrannt war, wurde die Freiwillige Feuerwehr Weitensfeld gegründet.

Auch die Ortskerne von Gurk und Straßburg wurden mehrmals von Großbränden weitgehend zerstört. Die letzten verheerenden Feuer in Straßburg gab es 1839 sowie 1877, dem Jahr, in dem die Freiwillige Feuerwehr in Straßburg gegründet wurde.

ÜBERSCHWEMMUNGEN IM GURKTAL

Nicht nur Großbrände, sondern auch schwere Überschwemmungen führten immer wieder zu schweren Schäden im Gurktal. Der Gurk-Fluss und die Nebengewässer waren nicht reguliert. Viele Ansiedlungen wurden deshalb nicht in der Talsohle errichtet, sondern auf etwas höher gelegenen Plateaus, wie Braunsberg, Altenmarkt, Zweinitz und Hohenfeld. Auch die mittelalterlichen Straßen und Wege führten – soweit möglich – an den Anhöhen durch das Gurktal. Die letzten schweren Überschwemmungen im Gurktal gab es 1909 und 1919.

In der Nacht auf den 7. Oktober 1909 regnete es ununterbrochen in Strömen. Die Gurk stieg langsam an, trat an einigen Stellen über die Ufer und am Vormittag wurden die ersten Sägehölzer angeschwemmt. In Weitensfeld standen die Mühlwiese, die Gorton-Mühle, das Elektrizitätswerk, die Säge, die Trattenschmiede und einige Häuser auf der „Tratten“ unter Wasser. Feuerwehrleute, Gendarmeriebeamte und Freiwillige bargen die Getreide- und Mehlvorräte aus der Gorton-Mühle und brachten auch die Bewohner und das Vieh aus dem gefährdeten Gebiet. Urban Begusch, Besitzer des Bärenwirts, rettete Kinder und zwei alte Frauen aus den Fluten, die ihm bis zur Hüfte standen.

Bei den Brücken und Wehren wurde versucht, Verklausungen durch angeschwemmtes Holz zu verhindern. Die Fluten rissen Tausende Sagstöcke von Holzlagern in Kleinglödnitz mit.

Wegen einer Verklausung brach der Damm der Gurk oberhalb der Herzele-Säge und die Fluten strömten an der Kirche vorbei durch die Kirchgasse und die Gärten des Sattler-, Tischler- und Pfandl-Hauses in den Markt – dreißig Häuser standen innerhalb einer halben Stunde unter Wasser. Die Bewohner konnten sich in die oberen Stockwerke retten. Die Geschäfte Filipowsky (heute: Mosser-Haus), Gutzelnig (heute: Bernhard-Haus) und Großmann (heute: Hlebcar-Haus) wurden überflutet, ebenso die Häuser des Gerbermeisters Veit Anderiasch, des Schuhmachers Eusebius Seitlinger, des Wagnermeisters Anton Burger und des Distriktsarztes Freiherr von Jabornegg (heute: Napotnik-Haus). Die Bäckerei wurde unterspült und musste gegen das Mosser-Haus gestützt werden. Um zwei Uhr nachmittags stand der Telegrafenapparat in der Post im Kalsberger-Haus (heute: Terkl-Haus) unter Wasser. Es regnete weiter und das Hochwasser stieg an. Um zehn Uhr nachts wurde beim Smrekar-Haus ein Wasserstand von 178 Zentimetern gemessen.

Der Bezirkshauptmann von St. Veit/Glan kam am Abend mit dem Gurktaler Zug nach Weitensfeld, er übernahm die Leitung über den Katastropheneinsatz. Mit provisorisch zusammengebauten Flößen wurde versucht, zu den eingeschlossenen Bewohnern zu kommen. Dabei kam es zu lebensgefährlichen Situationen. Am 8. Oktober gelang es Helfern, die Verklausung bei der Herzele-Säge zu lösen, das Hochwasser konnte dadurch besser abfließen. Der Wasserstand begann sich zu senken. Am Nachmittag konnten die Eingeschlossenen im unteren Markt mit Wasser und Lebensmitteln versorgt werden.

Als sich am 9. Oktober die Situation normalisierte, wurde das Ausmaß der Schäden ersichtlich: in vielen Häusern waren Fußboden herausgerissen, Türen und Fenster sowie viele Einrichtungsgegenstände waren fortgeschwemmt. Auch der Gleiskörper der Gurktalbahn war unterspült.

Die Orte Gurk und Straßburg wurden ebenfalls schwer in Mitleidenschaft gezogen. In Mellach wurde ein Müller in der Zechner-Mühle vom Hochwasser eingeschlossen. Drei Tage musste er darin ohne Nahrung ausharren, bis er am 9. Oktober vom Prosseggerwirt Alois Wintschnig gerettet wurde. Wintschnig band sich ein Seil um den Körper und schwamm zur Mühle. Mit dem Strick konnte ein Drahtseil zur Mühle gezogen werden, das Wintschnig auf dem Giebel der Mühle befestigte. Der Müller wurde auf einem Brett festgeschnallt und auf dem Drahtseil in Sicherheit gezogen. Auch Wintschnig rettete sich auf dem Drahtseil ans Ufer.

Am 10. Oktober, einem Sonntag, kam eine Infanterie-Einheit ins Gurktal, später auch ein Pionierzug. Die Soldaten errichteten in Straßburg, Gurk und Weitensfeld Notstege über den Fluss. Die meisten Brücken und Stege waren fortgerissen worden. Zwischen Gurk und Pöckstein blieben nur zwei Brücken stehen – beim Pratz und in St. Magdalen. Der Kärntner Landespräsident Robert Freiherr von Hein besuchte Weitensfeld und versprach Hilfe durch das Land Kärnten und das Reich. Ferdinand Gorton verzichtete auf seinen Anteil am Entschädigungsgeld zugunsten ärmerer Weitensfelder. Die Reste des Herzele-Wehrs wurden abgebaut.

Im September 1919 gab es im Gurktal eine weitere schwere Überschwemmung, die neuerlich großen Schaden anrichtete. Als Folge dieser Katastrophe wurde zwei Jahre später in Weitensfeld mit dem Bau eines wirksamen Uferschutzdammes begonnen. Außerdem wurde die Gurkbrücke bei der Brückenschmiede erneuert. 1939/40 wurde der Hochwasserschutzdamm verstärkt und nach dem Hochwasser im Frühsommer 1946, bei dem der höchste jemals gemessene Wasserstand der Gurk erreicht worden war, wurde der Uferschutzdamm um einen halben Meter erhöht.

Schloss Straßburg: Residenz der Bischöfe

Die ersten Bischöfe von Gurk, damals waren es abhängige Hilfsbischöfe des Erzbischofs von Salzburg, residierten in Gurk und Friesach. Roman I., Bischof von Gurk von 1131 bis 1167, begann mit dem Bau des Gurker Doms und ließ auch eine neue Residenz errichten. Der Hügel über dem Talboden in der Mitte des Gurktals bot sich als geeigneter Platz für den Bau einer repräsentativen Festung an. Hier könnte schon vorher ein befestigter Bau der Salzburger Erzbischöfe gestanden sein.

Die „Burg an der Straße“ mit einer mächtigen Ringmauer wurde 1147 erstmals urkundlich erwähnt. Das erste Bauwerk innerhalb der inneren Ringmauer (Bering) war der Bergfried (Faulturm). Im dritten Geschoß bestand ein Wehrgang und im Untergeschoß befand sich das Verlies. Salzburgs Erzbischof Eberhard I. besuchte 1161 die Straßburg. Während der Auseinandersetzungen zwischen dem Bischof von Gurk und dem Erzbischof von Salzburg wurde die Straßburg, auf der sich der Gegenbischof Hermann von Ortenburg verschanzt hatte, 1179 und 1180 eingenommen und 1180 zerstört, ebenso wie die Siedlung unterhalb der Burg.

In der ersten Hälfte des 13. Jahrhunderts entstand im Süden des Burgareals der dreißig Meter lange und dreizehn Meter breite, ursprünglich zweigeschoßige Palas, ein repräsentativer Wohnsitz. 1368 vernichtete ein Brand einen Großteil der Burg und das Archiv. Es erfolgte ein Neuaufbau und an die nördliche Außenseite der Ringmauer wurden zwei Türme angebaut. Die hohe Zwingmauer in der heutigen Form stammt aus dem 15. Jahrhundert und hatte wahrscheinlich einen Torturm. Mitte des 15. Jahrhunderts wurde der zweigeschoßige Westtrakt mit dem Kapellenraum erbaut. 1478 wurde die Burg beim Einfall der Türken beschädigt. Ende des 16. bis zum Ende des 17. Jahrhunderts gab es weitere Um- und Ausbauten. Bischof

Antonius Salamanca-Hoyos ließ 1545 einen neuen Mauergürtel und die halbrunden Bastionen bauen. Johann Anton Verda, der auch das Landhaus in Klagenfurt fertigstellte, plante im Auftrag von Christoph Andreas von Spaur das dreigeschoßige Stall- und Kastengebäude, das Werkmeister Andrea dell'Allio 1583/84 baute. Spaurs Nachfolger Johann Jakob von Lamberg ließ die Burg um zwei Stockwerke erhöhen. 1611 entstand ein Stiegenaufgang zum Palas. Im 17. Jahrhundert wurde das Stall- und Kastengebäude mit einem Arkadentrakt mit der inneren Burg verbunden. Die Gestaltung des Innenhofs mit den Arkadenreihen erfolgte um 1685 unter Johannes VIII. Kardinal Goëss. Der Bischof ließ an der Stelle des ehemaligen Torturms das Hauptportal errichten. Die Arbeiten erfolgten vom Bildhauer Johannes Payr aus St. Lambrecht. Kardinal Goëss ließ die Kapelle mit Stuck und Fresken neu ausstatten und sich im Hauptportal mit einer Nischenstatue und einer Inschrift im Aufsatz verewigen.

Im frühen 18. Jahrhundert befand sich im Schloss ein Barocktheater und um 1724 eine Apotheke.

Beim Erdbeben am 21. November 1767 wurde die Burg stark beschädigt; der Verfall begann. 1783 übersiedelte Bischof Josef II. (Franz Anton) Graf von Auersperg in die neu errichtete Residenz in Pöckstein. Bis dahin residierten einundfünfzig Bischöfe in Straßburg. Das Schloss wurde geplündert, Steine, Tür- und Fensterstöcke wurden abgetragen und für Haus- und Stallbauten in der Stadt verwendet. 1856 brach nach einem Blitzschlag in der Straßburg ein Brand aus, das Holzdach wurde ein Raub der Flammen. Damit schien das Schicksal der Burg besiegelt zu sein. Mit einem Notdach wurde versucht, den weiteren Verfall der Anlage zu verhindern. 1864/65 erwog man, in der Burg eine Landesirrenanstalt einzurichten und nach dem Ersten Weltkrieg plante man ein Invalidenheim. 1910 und 1915 stürzten Teile des Palas ein. 1920 wurde der „Ortsausschuss zur Erhaltung des Schlosses Straßburg" gegründet. Aber 1954 wurde aus Sicherheitsgründen mittels Bescheid der Abbruch des Schlosses angeordnet. Der 1955 gegründete „Verein der Freunde der

Straßburg" ließ mit Unterstützung des Bistums Gurk Rettungs- und Sanierungsmaßnahmen durchführen und rettete das geschichtsträchtige Bauwerk vor dem Abbruch. Bauteile wurden stabilisiert, Mauerschäden beseitigt, neue Dächer errichtet und die teilweise eingestürzten Arkaden wiedererrichtet. Heute befinden sich auf der Straßburg ein Museum mit volkskundlichen Sammlungen sowie Ausstellungsräume. Der 1994 gegründete „Kulturring Schloss Straßburg" organisiert kulturelle Veranstaltungen und Kurse im Schloss.

STRASSBURGER MINISTERIALE

Auf der Burg und in der Stadt gab es Ministeriale, die als Burggrafen, Vizedome und Hauptleute fungierten und die Hofämter des Gurker Bischofs wahrnahmen. Ministeriale waren ursprünglich unfreie Verwalter und Sicherer des Besitzes der adeligen und geistlichen Grundherren. Ab dem 13. Jahrhundert wurden sie zum niederen Adel gezählt. Seit dem 12. Jahrhundert unterhielt der Bischof – ähnlich wie ein Fürst – die Hofämter Marschall, Truchsess, Kämmerer und Mundschenk. Außerdem gab es den Markt- bzw. Stadtrichter, den bischöflichen Amtmann und neben diesem ab dem 14. Jahrhundert einen Hofamtmann. Dieser war Kellermeister und nach der Verleihung des Blutbanns (Hochgerichtsbarkeit) durch König Rudolf von Habsburg im Jahr 1280 auch Landrichter im Gurktal. Allerdings fällte ab 1494 der kaiserliche Bannrichter des Herzogtums Kärnten die Todesurteile. Die Hinrichtung vollzog der herzogliche Freimann.

Die für Führungsaufgaben in der Verwaltung und zur Verteidigung der Güter eingesetzten Ministerialen des Gurker Bischofs wohnten im Faulturm der Burg oder im und um den Ort Straßburg. Im 12. und 13. Jahrhundert führten einige Ministeriale den Namenszusatz „von Straßburg". Vinzenz von Straßburg († 1426) stammte aus einer Friesacher Bürgerfamilie und war von 1401 bis 1411 Landesvizedom von Kärnten. Die Buzzonen waren im 13. Jahrhundert die mächtigsten unter den Ministerialen des Gurker Bischofs. Sitz der Familie war ein Gebäude unter dem Schloss Straßburg, der „Putzenhof", der in einer Urkunde vom 25. März 1408 als „Puczenhof" bezeichnet wurde. Die Buzzonen hatten eine Reihe von Hofämtern des Bischofs inne. 1212 wurde ein „dominus Engilbertus" urkundlich erwähnt, sein Bruder „dominus Buzzo" war 1241 Kastellan auf der Straßburg. 1231 rebellierte Vizedom Hartwig von Buzzo gegen seinen Dienstherrn Bischof Ulrich I. und besetzte die Straßburg. Als Vizedom war er oberster Verwalter der Güter des Bistums. Bei den Auseinandersetzungen ging es auch um den Erwerb der Gerichtsbarkeit, die mit einem Machtzuwachs und zusätzlichen Einnahmen verbunden war. Die Auseinandersetzungen zwischen den Buzzonen und dem Bischof fielen in die Zeit der Bestrebungen des Bistums Gurk, sich von Salzburg zu lösen – unter Verwendung von gefälschten Urkunden und auch mit Gewalt. Im Jahr 1247 kam es abermals zu einer Rebellion gegen Bischof Ulrich, und zwar durch die Söhne Hartwigs, Engelram und Engelbert. Die beiden Buzzonen nahmen die Straßburg ein, raubten den Schatz des Bischofs und verwüsteten Bistumsgüter. Bischof Ulrich I. reiste zum Papst nach Rom, um dort eine Lösung des Streits herbeizuführen. Durch die Auseinandersetzungen häuften sich im Bistum hohe Schulden an, sodass Ulrich den Markt Straßburg an Rudolf von Ras verpfänden musste. Die Buzzonen starben im 14. Jahrhundert aus. Nach ihnen amtierten als Hauptleute auf der Straßburg unter anderem Mitglieder der Adelsfamilien Liechtenstein-Murau, Saurau, Welzer und Khevenhüller.

STADT STRASSBURG

Der unter der Burg entstandene Ort wurde von Bischof Walther von Vatz (1200–1213) befestigt und um 1200 als „Forum" (Markt) bezeichnet. Von Bischof Walther hat sich eine steinerne Kopffigur an der Stadtmauer erhalten. Die Mauer um die Stadt wurde später mehrfach erneuert, zuletzt während der Amtszeit des Bischofs Urban Sagstetter. Heute sind noch Teile der Stadtmauer erhalten. Nach dem Verlust der Gurker Stadt unter der Festung Friesach wurde der Markt Straßburg 1380 zur Stadt erhoben. Im 13. und 14. Jahrhundert siedelten sich in Straßburg Juden an, sie erledigten Geldgeschäfte, die den Katholiken nicht erlaubt waren. 1444 kam Kaiser Friedrich III. nach Straßburg, er genehmigte der Stadt 1455 einen Jahrmarkt am Fest des heiligen Laurentius (10. August).

Ab dem 16. Jahrhundert erfolgte eine jährliche Stadtrichterwahl durch die Bewohner, der Bischof bestellte den Richter. Bischof Urban Sagstetter erließ 1565 eine Stadtordnung mit neunundzwanzig Artikeln. Dieses Rechtsdokument wurde zuletzt 1758 bestätigt und erweitert. Ende des 18. Jahrhunderts bestand der Magistrat aus dem Stadtrichter, dem Stadtkämmerer, dem Rat mit zehn Mitgliedern und dem Stadtschreiber. Die Bürgergarde wurde 1688 erstmals erwähnt. Während der französischen Besatzung wurde die Garde aufgelöst.

Bischof Andreas Graf Spaur errichtete in Straßburg ein Priesterseminar. Bischof Auersperg ließ neben der Nikolauskirche ein neues Alumnatsgebäude bauen, in dem heute die Stadtgemeinde untergebracht ist. Auersperg richtete auch eine Stadtschule mit zwei Lehrern und einem Katecheten ein.

Die Nikolauskirche wurde 1169 erstmals genannt. Der heutige Kirchenbau entstand zwischen 1439 und 1460 im spätgotischen Stil. In der Kirche befinden sich Grabsteine der Gurker Bischöfe. Das Heiligen-Geist-Spital in Straßburg wurde 1336 erstmals urkundlich erwähnt, es diente vor allem der Armenpflege. Ein Chorherr hatte die Oberaufsicht. 1851 wurde das Spital umgebaut und erhielt seine heutige Bauform. Ab 1924 gab es darin eine Hauptschule und von 1980 bis 1996 eine Fachschule des Bistums Gurk für wirtschaftliche Frauenberufe. Dem Gebäude angeschlossen ist die Spitalskirche zum Heiligen Geist.

Einige Häuser in der Stadt haben einen mittelalterlichen Kern, etwa das Koller-Haus. Hier befand sich der „Gurker Turm" der Befestigungsanlage und um 1200 ein Wehrturm. Im Gebäude war in der Neuzeit das bischöfliche „Rentamt" untergebracht, das für die Finanzverwaltung des Gurker Bischofs zuständig war.

Die Bischöfe von Gurk: Kämpfe, Morde und Intrigen

Leonardo da Vinci arbeitete an der Fertigstellung seines Freskos „Das Abendmahl“ im Refektorium des Dominikanerklosters Santa Maria delle Grazie in Mailand, als vornehm gekleidete Männer den Raum betraten. Der große Künstler stieg vom Gerüst und unterhielt sich mit den Besuchern. Es handelte sich um den Klosterprior Vincenzo Bandello und seinen Gast Raimund Peraudi, den Bischof von Gurk. Peraudi fragte den Künstler unter anderem, wie viel Geld ihm Herzog Ludovico de Moro von Mailand für das Fresko zahle. Leonardo da Vinci nannte die Summe von 2 000 Dukaten. Er müsse aber einen Teil des Geldes an seine Gehilfen weitergeben. Kardinal Peraudi war der einzige Gurktaler, der sich mit dem vermutlich genialsten Künstler der Menschheitsgeschichte unterhalten konnte.

Solche außergewöhnlichen Erlebnisse waren selten im Leben der Gurker Bischöfe im Mittelalter und in der frühen Neuzeit. Die hohen geistlichen Herren hatten damals andere Sorgen: Auseinandersetzungen mit den Salzburger Erzbischöfen, um die Selbstständigkeit zu erlangen, die Abwehr von Gegenbischöfen, kriegerische Auseinandersetzungen mit politischen Gegnern und Kämpfe mit den eigenen Verwaltern und Lehensnehmern, Streitereien mit dem Domkapitel und immer wieder Intrigen. Mindestens zwei Gurker Bischöfe wurden ermordet.

Schon der zweite Bischof von Gurk, Berthold von Zeltschach, wurde als „Eindringling“ betrachtet. Er war in der Zeit des Investiturstreits 1090 vom Salzburger Gegenerzbischof Berthold von Moosburg eingesetzt worden. Um sich in seinem Amt zu behaupten, verschleuderte Berthold von Zeltschach Gurker Kirchenbesitz, vor allem an die Eppensteiner, Spanheimer und seine Verwandten. Er wurde 1106 abgesetzt.

Bertholds Nachfolger Hiltebold, der das Amt bis 1131 innehatte, versuchte die abhandengekommenen Güter wiederzuerlangen. Er wurde auch in eine Auseinandersetzung mit dem Kärntner Herzog Heinrich III. von Eppenstein verwickelt. Dieser hatte sich geweigert, die von Berthold von Zeltschach erhaltenen Gurker Güter zurückzugeben. Außerdem wollte der Herzog dem Salzburger Erzbischof die Salzburger Besitzungen in Kärnten abjagen. Mit fünfhundert Soldaten, unterstützt von tausend Mann des Salzburger Erzbischofs, wartete Bischof Hiltebold auf dem Krappfeld auf den Angriff der Soldaten des Kärntner Herzogs. Dieser unterwarf sich aber angesichts der vereinigten kirchlichen Truppen und schloss einen Friedensvertrag. Offenbar aus Angst vor dem Kärntner Herzog bewog Salzburgs Erzbischof Konrad I. später seinen untergebenen Gurker Bischof, den Markt Friesach am linken Ufer des Metnitzbaches zu zerstören und ihn am rechten Ufer wieder aufzubauen und zu teilen – in einen Salzburger Markt und südlich davon in einen Gurker Markt. Die Gründung des neuen Marktes Friesach erfolgte zwischen 1124 und 1130.

Auch Bischof Heinrich I., der von 1167 bis 1174 amtierte, musste zu den Waffen greifen. 1173 holte er sich mit Waffengewalt die Herrschaft Königsberg in der Untersteiermark zurück, die sich Otto von Ehrnegg mit Unterstützung von Reimbrecht von Mureck gewaltsam angeeignet hatte.

Dietrich I. von Albeck, Gurker Bischof von 1179 bis 1194, wurde mit einem Gegenbischof konfrontiert: Hermann von Ortenburg. Die Gurker hatten den Ortenburger 1179 widerrechtlich zum Bischof gewählt. Hermann verschanzte sich auf der Straßburg, belagert von Truppen des Salzburger Erzbischofs Konrad III. Es kam zu Verwüstungen auf dem Gebiet des Bistums Gurk und nach Verhandlungen wurde die Belagerung der Straßburg Ende November 1179 beendet. Dietrich I. wurde am 2. Februar 1180 vom Salzburger Erzbischof zum Gurker Bischof geweiht. Kurze Zeit später gelang es dem Gegenbischof Hermann von Ortenburg neuerlich, sich auf der Straßburg festzusetzen. Dietrich I. begann Anfang Juli 1080 mit der Belagerung der Burg, Anfang August erhielt er Unterstützung durch Truppen des Salzburger Erzbischofs. Hochrangige Vermittler versuchten eine Lösung zu erreichen, schließlich gab Hermann von Ortenburg Ende August 1080 auf. Die Sieger ließen daraufhin die Burg zerstören.

Ulrich I. von Ortenburg, Bischof von 1221 bis 1253, war ein Neffe des früheren Gegenbischofs Hermann von Ortenburg. Im Kampf um die Selbstständigkeit Gurks weigerte sich Ulrich I., die Regalien aus der Hand des Salzburger Erzbischofs zu empfangen. Die Auseinandersetzungen und die Prozesse führten dazu, dass sich das Bistum Gurk noch tiefer verschuldete. Bischof Ulrich I., der sich auch mit seinen Ministerialen, den Buzzonen, um die Burg Straßburg stritt, musste 1229 den Markt Straßburg an Rudolf von Ras verpfänden, um wieder zu Geld zu kommen. Schließlich lenkte der Bischof ein, versöhnte sich mit den Buzzonen und dem Erzbischof von Salzburg und sagte Letzterem zu, von ihm die Regalien zu empfangen und damit die Forderung nach Reichsunmittelbarkeit des Bistums Gurk aufzugeben. Der entsprechende Vertrag wurde im Oktober 1232 abgeschlossen. In diesem Vertrag wurde auch die künftige Vorgangsweise bei der Wahl des Gurker Bischofs vereinbart. Demnach sollte der Erzbischof von Salzburg dem Gurker Domkapitel drei Kandidaten für die Bischofswahl vorschlagen und der aus dieser Liste vom Domkapitel gewählte Bischof sollte dem Erzbischof den Treueeid schwören. Damit trat eine gewisse Beruhigung ein, obwohl sich Päpste und Habsburger-Herrscher später nicht immer an diese Regelung hielten.

Bischof Ulrich I. war aber noch in Kämpfe mit den Grafen von Peggau-Pfannberg um die Burg Albeck verwickelt. Diese Auseinandersetzungen endeten erst unter Bischof Dietrich II. mit einem Friedensschluss im Dezember 1264 in Landstraß in Krain.

Hartnid von Lichtenstein-Offenberg, ein Neffe des Minnesängers Ulrich von Liechtenstein und 1283 zum Bischof von Gurk gewählt, war ebenfalls in Kämpfe verwickelt. Gottfried von Bickebach, Hauptmann des Bistums Bamberg, verwüstete bei

Kämpfen um Tiffen Besitzungen des Bistums Gurk. Der Straßburger Burghauptmann Otto (der Jüngere) von Liechtenstein nahm deshalb 1298 die Herren von Castell, Ministeriale des Bischofs von Bamberg, gefangen. Der Kärntner Herzog konnte als Vermittler zur Beendigung der Auseinandersetzungen zwischen den beiden Bistümern beitragen. Bischof Hartnid musste sich auch mit den Herren von Metnitz herumschlagen. Er verlieh die Burg im oberen Metnitztal 1285 an die Brüder Chraft und Heinrich von Metnitz. 1293 verzichteten die Metnitzer auf dieses Lehen und wurden vom Bischof großzügig finanziell abgefunden – mit Bargeld sowie mit den Einkünften aus der Pfarre Zeltschach und dem bischöflichen Haus in Friesach. Der Vater der beiden Brüder, Herebrand, und dessen Bruder Eberhard wollten aber den Metnitzer Besitz nicht aufgeben. 1298 kam es zwischen Eberhard von Metnitz und Bischof Hartnid zu Auseinandersetzungen, die mit der Entscheidung eines Schiedsgerichts endeten.

Nach Hartnids Tod am 28. November 1298 und dem Amtsantritt des neuen Bischofs Heinrich III. von Helfenberg flammten die Auseinandersetzungen mit dem Bistum Bamberg wieder auf. Dietegen von Castell verwüstete Ortschafen im Gurktal. Im Gegenzug spielten Dienstmannen des Gurker Bischofs Untertanen des Bamberger Bischofs übel mit. Bambergs Ministeriale Rudolf von Ras rächte sich dafür wiederum bei den Gurkern. Dieser Streit wurde von einem Schiedsgericht im Mai 1302 beigelegt.

Auch die Auseinandersetzungen mit den Metnitzern begannen von Neuem. Die Metnitzer beanspruchten vom Bischof unter anderem die hohe Gerichtsbarkeit (Blutbann) und die hohe Jagd. Bischof Heinrich III., versuchte Heinrich (Chrafft) von Metnitz zu beruhigen, indem er ihm die Burg Windisch-Landsberg im heutigen Slowenien als Lehen übergab. Heinrich verzichtete daraufhin auf den Metnitzer Lehensbesitz. Im Jahr 1301 eskalierte der Streit. Eberhard von Metnitz und seine Söhne Konrad und Hermann sowie sein Bruder Herebrand und dessen Söhne Friedrich und Heinrich begannen mit

Kämpfen gegen die Gurker Vasallen. Konrad, Heinrich und Hermann von Metnitz nahmen den Sekretär des Bischofs, Sweiker, gefangen und entmannten ihn. Konrad von Metnitz verletzte den Marschall des Bischofs, den Propst von Gurk und andere Gegner. Um die Auseinandersetzungen zu beenden, wurden in Friesach zwei Schiedsgerichte anberaumt, allerdings nahmen die Metnitzer die Entscheidungen dieser Gerichte vom 31. Mai und 29. November 1301 nicht zur Kenntnis. Der Bischof konnte auch nicht auf die Unterstützung der Söhne des Kärntner Herzogs Meinhard II. von Görz-Tirol zählen, die nach dem Tod ihres Vaters 1295 das politische Erbe angetreten hatten. Denn die Meinhardinger standen dem Gurker Bischof eher ablehnend gegenüber, obwohl sie als Schutzvögte der Gurker Kirche zur Unterstützung verpflichtet gewesen wären.

Das änderte sich nach einem schweren Übergriff der Metnitzer. Friedrich und Heinrich von Metnitz überfielen Kaufleute aus Steyr, die von Friesach über den Priewald nach Murau reisten. Die Metnitzer raubten den Händlern ihre wertvolle Ware, darunter Gold- und Silberschmuck für Elisabeth, die Frau des Herzogs Albrecht I. von Österreich und der Steiermark und seit 1298 römisch-deutscher König. Elisabeth war die Schwester des nunmehrigen Herzogs Heinrich von Kärnten und forderte ihn auf, gegen die räuberischen Metnitzer einzuschreiten. Doch der Kärntner Herzog zögerte abermals, deshalb beschloss der Sohn von Albrecht I. und Elisabeth, Herzog Rudolf von Österreich, die Raubritter zur Herausgabe der Beute und zu Schadenersatz zu zwingen. Rudolf von Österreich, unterstützt vom eigens nach Wien gereisten Bischof Heinrich III. von Gurk, schickte den Landschreiber der Steiermark, Albert von Zeiring, mit einer Truppe nach Metnitz. Die Soldaten des Herzogs stürmten die Burg nach vierzehntägiger Belagerung.

Über Auftrag von Herzog Rudolf von Österreich fand im August 1302 in Judenburg ein Gerichtstag statt, bei dem die ausgeraubten Steyrer Kaufleute, Bischof Heinrich III., der Gurker Dompropst Hartneid und weitere Geschädigte als Kläger auftraten. Landschreiber Albert von Zeiring verurteilte im Namen des Herzogs Rudolf und der Königin Elisabeth die Herren von Metnitz zum Ersatz des Schadens, der Kriegskosten und der Auslagen für die Gerichtstage innerhalb von vierzehn Tagen. Die Metnitzer ließen aber die Frist verstreichen, ohne die Entschädigungssumme gezahlt zu haben. Daraufhin wurde über Auftrag von Herzog Rudolf vom 8. September 1302 die Burg Metnitz auf dem Kalvarienberg von den Dienstleuten Albert von Zeirings zerstört.

Nach dem Tod des Bischofs Ulrich II. von Wildhaus 1351 kam es abermals zu einer dramatischen Entwicklung bei der Einsetzung des Nachfolgers. Erzbischof Ortolf von Salzburg erwählte mit Einverständnis des Domkapitels Gurk seinen Bruder Ulrich von Weißeneck zum neuen Gurker Bischof. Papst Clemens VI. wurde wahrscheinlich darüber nicht informiert. Der Papst ernannte kurz darauf den Sekretär des Königs Ludwig von Ungarn, Paul von Jägerndorf, zum Bischof von Gurk. Damit gab es in Gurk wieder zwei Bischöfe gleichzeitig. Als die Prokuratoren des neuen Bischofs Paul von Jägerndorf in das Gurktal kamen und die Ernennungsurkunde des Papstes vorwiesen, um die Temporalien für den neuen Bischof in Besitz zu nehmen, widersetzten sich die Gurker Ministerialen und die Mitglieder des Domkapitels. Der Papst beauftragte deshalb im August 1352 drei hohe Würdenträger, gegen die Gurker vorzugehen. Als sich der Papst auch an Erzherzog Albrecht von Österreich wandte, lenkten die Gurker ein und erkannten Paul von Jägerndorf als ihren neuen Bischof an. Gegenbischof Ulrich von Weißeneck resignierte und wurde im Jahr darauf Bischof von Seckau.

Immer wieder beschenkten die Gurker Bischöfe das Domkapitel mit Besitz, aber es gab auch ernste Auseinandersetzungen. Ernst Auer von Herrenkirchen, Bischof von Gurk von 1411 bis 1432, geriet in das Schussfeld der Kanoniker, die ihm viele Verfehlungen vorwarfen, unter anderem, dass er geliehenes Geld nicht zurückgegeben und Güter willkürlich enteignet habe. Außerdem habe er seine Dienstmannen plündern und missliebige Untertanen willkürlich festnehmen lassen, darunter zwei Mitglieder des Domkapitels. Erst 1426 wurde der Streit mit einem Schiedsspruch des Erzherzogs Friedrich V. beigelegt. Auch spätere Bischöfe kamen mit dem Domkapitel in Konflikt, unter ihnen Bischof Johannes VII. Jakob von Lamberg. Auslöser dieses Streits waren die Jagd, unterschiedliche Ansichten bei der Bestellung des Dompropstes und eine Auseinandersetzung 1621 in Glödnitz. Nach einer Kirchtagsrauferei soll der Anwalt des Domstiftes gegen den bistümlichen Pfleger von Albeck gewaltsam vorgegangen sein und Bischof Lamberg verleumdet haben. Der Bischof forderte die Entlassung des Anwalts, aber der Dompropst und das Domkapitel waren dagegen. Lamberg entließ daraufhin den Dompropst in dessen Funktion als Generalvikar, visitierte das Domstift und schrieb den Kanonikern Reformpunkte vor. Über den Streit wurde in Salzburg entschieden, Propst und Kapitel mussten sich dem Bischof fügen.

Nach Auers Tod 1432 stand der neue Bischof Johannes V. Schallermann gleich zwei Gegenbischöfen gegenüber. Der Erzbischof von Salzburg hatte offenbar ohne Einbindung des Domkapitels Gurk den Salzburger Domherrn Hermann Gnas zum Bischof nominiert. Im Gegensatz dazu bestimmte Herzog Friedrich IV. von Österreich-Tirol seinen Kanzler und Bischof von Lavant, Lorenz von Lichtenberg, zum neuen Bischof und fand dafür die Zustimmung des Gurker Kapitels. Der Streit wurde an den Papst herangetragen und dieser bestimmte Ende Jänner 1433 keinen der beiden, sondern einen dritten Geistlichen, Johannes Schallermann, zum Bischof von Gurk. Schallermann war erfolgreicher Diplomat, Jurist und Theologe. Unter anderem war er Gesandter Herzogs Albrechts V. in Rom. Die päpstliche Entscheidung wurde vom Erzbischof von Salzburg nicht anerkannt. Über seinen Auftrag wurde Lorenz von Lichtenberg als Bischof von Gurk und Hermann Gnas als Bischof von Lavant installiert. Zwei Jahre später wurde Schallermann nach einer Entscheidung des Basler Konzils in Lausanne zum Bischof von Gurk geweiht. Lorenz von Lichtenberg, der mit dieser Entscheidung nicht einverstanden war, wurde mit dem Bann belegt, ebenso Mitglieder des Domkapitels Gurk und weitere Anhänger. Lichtenberg verzichtete schließlich auf das Amt. 1436 kam es zu einem Kompromiss und Schallermann übernahm endgültig das von Lichtenberg inzwischen ausgeplünderte Bistum. Kurz darauf war Schallermann in eine kriegerische Auseinandersetzung mit dem Grafen Friedrich II. von Cilli verwickelt. Dessen Truppen eroberten Gurker Besitzungen in der Südsteiermark und in Krain und zerstörten Burgen. Herzog Friedrich V. von Steiermark unterstützte den Bischof bei diesem Konflikt, der erst im August 1443 mit einem Friedensschluss in Wiener Neustadt beendet wurde.

Lorenz III. von Freiberg, Bischof von Gurk von 1472 bis 1487, stellte sich 1482 gegen einen anderen Feind – die Ungarn, die in Kärnten eindrangen.

Eine dramatische Kindheit hatte Urban Sagstetter, Bischof von 1556 bis 1573. Im Jahr 1532 wurden die Eltern des damals dreijährigen Urban in Niederösterreich von einfallenden Türkenhorden erschlagen. Urban versteckte sich hinter einem Düngerhaufen, überlebte den Überfall und wurde vom Gutensteiner Pfleger Johann Sagstetter adoptiert. Als Gurker Bischof übernahm Urban Sagstetter 1561 auf Wunsch des Kaisers Ferdinand I. die Verwaltung des Bistums Wien, verzichtete aber 1568 wegen einer schweren Erkrankung auf diese Funktion. Ein Jahr später wurde er zum Statthalter für Innerösterreich ernannt.

ÜBERFÄLLE UND MORDE

Mindestens zwei Gurker Bischöfe wurden ermordet. Im Mai 1214 wurde der Dompropst von Salzburg, Otto, zum Bischof von Gurk erwählt. Vorausgegangen waren längere Auseinandersetzungen zwischen dem Erzbischof von Salzburg und dem Domkapitel Gurk wegen der Bischofswahl. In den Streitfall wurde auch der Papst eingeschaltet. Noch bevor Otto die Bischofsweihe empfangen konnte, erkrankte er schwer und starb am 30. Juli 1214. Der Legende nach soll Otto aus „Missgunst" von den Gurkern vergiftet worden.

Im Jahr 1410 berief der Papst den Gurker Bischof Konrad III. von Hebenstreit zum Bischof von Freising. Das dortige Domkapitel hatte allerdings Degenhard von Weichs zum Bischof erwählt, dieser konnte sich aber gegen den vom Papst auserkorenen Bischof nicht durchsetzen. Als sich Konrad III. von Hebenstreit 1412 in Škofja Loka (Bischoflack) aufhielt, das sich im Besitz von Freising befand, wurde er tot in seinem Bett liegend aufgefunden. In seinen Händen lag ein blutbeflecktes Messer, sodass man annahm, der Bischof hätte sich umgebracht. Als Selbstmörder wurde er nicht in geweihter Erde, sondern im Garten des Schlosses begraben. Achtzehn Jahre später stellte sich heraus, dass der reiche Bischof von seinen Kammerdienern ermordet und beraubt worden war. Die Mörder flüchteten und beichteten später in Rom die Tat. Die sterblichen Überreste des Mordopfers wurden 1430 exhumiert, in einer feierlichen Prozession nach Bischoflack gebracht und in der Kirche beigesetzt.

Ebenfalls einem Mord zum Opfer fiel der 1526 als Bischof von Gurk eingesetzte Antonius von Salamanca-Hoyos. Er wurde auf der Reise zum Konzil von Trient 1551 in Conegliano in Friaul von seinem Kammerdiener ermordet. Tatmotiv war offenbar der Umstand, dass der Bischof seinem Kammerdiener den Sold vorenthielt. Salamanca-Hoyos hatte die Angewohnheit, auch verdiente Beamte nicht zu entlohnen, wie in einem Bischofskatalog vermerkt wurde.

Auf Bischof Johannes VIII. von Goëss war ein Mordanschlag geplant, allerdings in seiner Zeit als Diplomat, bevor er in den geistlichen Stand übertrat. Goëss versuchte 1663 im Auftrag des Kaisers Leopold I. in Temeswar mit Ali Pascha zu verhandeln, denn die Türken rüsteten zu einem neuen Kriegszug. Die Verhandlungen blieben erfolglos und Goëss trat unter widrigen Umständen und oft in Lebensgefahr eine abenteuerliche Heimreise nach Wien an. Dabei entging er einem Mordanschlag, weil die Frau eines Janitscharen einen Kutscher des Diplomaten gewarnt hatte.

Bischof Konrad II., der von 1337 bis 1344 in Gurk residierte, wurde auf seinen Reisen gleich zwei Mal überfallen. Als er noch Abt von Salmansweiler war, überfielen ihn auf einer Reise zur päpstlichen Kurie im Raum Chur Wegelagerer und hielten ihn zehn Wochen lang fest. Erst als den Räubern Straffreiheit zugesichert wurde, ließen sie den Geistlichen frei. Dramatischer verlief ein Überfall 1338 auf der Reise nach Avignon. Bischof Konrad II. und seine Diener und sonstigen Begleiter wurden verletzt, ausgeraubt und als Geiseln genommen. Unter den Räubern befanden sich auch Geistliche. Nach siebenwöchiger Gefangenschaft gelang dem Gurker Bischof die Flucht. Der Papst befahl dem Dauphin Ludwig von Savoyen und den Bischöfen von Lausanne und Genf, gegen die Wegelagerer mit Exkommunikation und anderen Kirchenstrafen vorzugehen. Die Pfarre Martigny in der Diözese wurde mit dem päpstlichen Interdikt belegt, einem Verbot gottesdienstlicher Handlungen. In dieser Pfarre war der Gurker Bischof auf einem Schloss festgehalten worden. Der Papst rügte auch den Bischof von Genf, weil er nicht mit der nötigen Entschlossenheit gegen die Entführer vorgegangen war.

DIE BISCHÖFE VON GURK

Günther von Krappfeld (1072–1090)
Berthold von Zeltschach (1090–1106)
Hiltebold (1106–1131)
Roman I. (1131–1167)
Heinrich I. (1167–1174)
Roman II. von Leibnitz (1174–1179)
Hermann von Ortenburg (1179–1180)
Dietrich I. von Albeck (1179–1194)
Wernher (1194–1195)
Ekkehard (1196–1200)
Walther von Vatz (1200–1213)
Otto I. (1214), nur erwählt
Heinrich II. von Pettau (1214–1217)
Ulschalk (1217–1220)

Ulrich I. (1220–1231)
Paul I. (1231–1250)
Ulrich II. von Ortenburg (1250–1253)
Dietrich II. von Marburg (1253–1278)
Johann I. von Ennsthal (1279–1281)
Konrad I. von Lupburg (1282), nur erwählt
Hartnid von Lichtenstein-Offenberg (1283–1298)
Heinrich III. von Helfenberg (1298–1326)
Gerold von Friesach (1326–1333)
Lorenz I. von Brunne (1334–1337)
Konrad II. von Salmansweiler (1337–1344)
Ulrich III. von Wildhaus (1345–1351)
Paul von Jägerndorf (1352–1359)
Johann II. Ribi von Lenzburg (1359-1363)
Johann III. von Töckheim (1364–1376)
Johann IV. von Mayrhofen (1376–1402)
Konrad III. von Hebenstreit (1402–1411)
Ernst Auer von Herrenkirchen (1411–1432)
Johann V. Schallermann (1433–1453)
Lorenz II. von Lichtenberg (1432–1436), Gegenbischof
Ulrich IV. Sonnberger (1453–1469)
Sixtus von Tannberg (1470–1474)
Lorenz III. von Freiberg (1472–1487)
Georg Kolberger (1490), nur erwählt
Raimund Peraudi (1491–1505)
Matthäus Lang von Wellenburg (1505–1522)
Hieronymus Balbi (1522–1526)
Antonius Salamanca-Hoyos (1526–1551)
Johann VI. von Schönburg (1552–1555)
Urban Sagstetter (1556–1573)
Christoph Andreas Freiherr von Spaur (1574–1603)
Johann VII. Jakob Freiherr von Lamberg (1603–1630)
Sebastian Graf von Lodron (1630–1643)
Franz I. Graf von Lodron (1643–1652)
Sigismund Franz Erzherzog von Österreich (1653–1665)
Wenzeslaus Graf von Thun (1665–1673)
Polykarp Graf von Kienburg (1673–1675)

Johannes VIII. Kardinal Goëss (1675–1696)
Otto II. de la Bourde (1697–1708)
Jakob I. Maximilian Graf von Thun (1709–1741)
Joseph I. Maria Graf von Thun (1741–1761)
Hieronymus II. Graf von Colloredo (1761–1772)
Joseph II. Anton Graf von Auersperg (1772–1783)
Franz II. Xaver von Salm-Reifferscheidt-Krautheim (1783–1822)
Jakob Peregrin Paulitsch (1824–1827)
Georg Mayer (1827–1840)
Franz Anton Gindl (1841)
Adalbert Lidmansky (1842–1858)
Valentin Wiery (1858–1880)
Peter Funder (1881–1886)
Josef Kahn (1887–1910)
Balthasar Kaltner (1910–1914)
Adam Hefter (1914–1939)
Andreas Rohracher (1939–1945), Kapitularvikar
Joseph Köstner (1945–1981)
Egon Kapellari (1982–2001)
Alois Schwarz (seit 2001)

Hexenprozesse im Gurktal

Die Folterknechte banden dem Delinquenten die Hände auf dem Rücken zusammen, befestigten ein Seil und zogen ihn auf der Streckbank in die Höhe. Um die Qual zu erhöhen, banden sie Steingewichte an seine Beine. Die Schmerzen wurden unerträglich, schließlich „gestand" der Gefolterte vor dem Richter Heinrich Kröll, was man von ihm hören wollte: Er wäre am Sonnwendtag 1658 vom Zammelsberg auf einem Stab ins Tal hinuntergeflogen und hätte seine Seele schon sechs Jahre zuvor auf der Flattnitz dem Teufel verschrieben. Der Teufel hätte ihm Blut abgenommen und ihn zum Zaubern aufgefordert.

Der Gefolterte war Klement Reibeis, ein 50-jähriger Bauer vom Grantenbichl bei Weitensfeld. Er war vom Schlosser-Bauern in Hafendorf beim Landgericht Straßburg als „Wettermacher" angezeigt worden. Mit dem vom Richter in Straßburg als „bei guter Vernunft, beredt, aber töricht" eingestuften Reibeis wurde auch Herfried Lienhard „peinlich befragt". Dieser bezichtigte unter der Folter Klement Reibeis verschiedener Untaten. Nach der Folter widerrief Reibeis sein „Geständnis" und versprach, fromm zu leben und Wallfahrten zu unternehmen. Als er daraufhin neuerlich gefoltert wurde, wiederholte er sein „Geständnis", dass er „Wetter gemacht" hätte und gab an, dass Herfried Lienhard einmal mit ihm „mitgeflogen" wäre. Die Folterknechte wollten von Reibeis die Namen weiterer Beteiligter erfahren, insbesondere interessierte es sie, ob die Schoberbäuerin Liedlin am Kogel ihn bei der „Zauberei" unterstützt hätte. Reibeis „bekannte" beim „zweiten Aufzug" auf der Streckbank, die Liedlin hätte ihm zwei Salben gegeben, aber nur zur Heilung von Verletzungen. Die „Zaubersalbe" hätte er vom Teufel auf der Alm am Schober bekommen.

Auch ein „Rezept" für das „Schauermachen" war Reibeis unter der Folter zu entlocken: Er hätte dazu weiße Frischlingswolle verwendet, vermischt mit Schnee.

Dem Weitensfelder „Hexer“ Klement Reibeis blieben wegen seines Alters weitere Folterungen erspart. Er wurde am 2. Oktober 1658 im Straßburger Rathaus zum Tod verurteilt und auf der Richtstätte zwischen Straßburg und Mellach enthauptet. Seine Leiche wurde verbrannt.

Im Gurktal gab es bis zum frühen 18. Jahrhundert eine Reihe von Hexenprozessen. 1673 erhielten zwei „geständige“ Frauen vom Landgericht Straßburg einen strengen Verweis, nachdem sie der „Wolfsbannerei“ beschuldigt worden waren. Sie hätten einen Teufelsbund geschlossen, um einen Wolf befehligen zu können, der dann Vieh niederreißt. Die beiden Frauen hatten sich in Widersprüche verwickelt, ihnen konnte aber kein Schaden durch die Wolfsbannerei nachgewiesen werden.

1631 wurde in Althofen ein gewisser Hansl Winkler wegen Wolfsbannerei, „Wettermachen“, Leichenschändung und anderer Delikte angeklagt. Bei der Befragung beschuldigte er zwanzig Personen der „Hexerei“. Drei von ihnen wurden hingerichtet, Hansl Winkler wurde aus der Haft entlassen. 1686 und in den darauffolgenden Jahren standen in Straßburg Dutzende Menschen wegen Zauberei vor dem Richter. Auch Priester wurden der Zauberei beschuldigt. 1688 wurde ein Pfarrer aus Gnesau vom Verdacht der Zauberei freigesprochen und ein Pfarrer aus St. Peter in Tweng war ein Jahr inhaftiert, bis seine Schuldlosigkeit festgestellt wurde. Der Pfarrer Ottitsch aus St. Michael am Zollfeld wurde von einem Gefolterten als „Zauberer“ denunziert. Der beschuldigte Pfarrer wurde wahnsinnig und verübte im Archidiakonatskerker in Tainach Selbstmord. 1691 und 1719 wurden beim Landgericht Althofen zwei Männer als „Wettermacher“ angeklagt, es kam aber in beiden Fällen zu keiner Verurteilung.

Am 14. Juni 1714 wurde in Straßburg die „Giftmischerin“ Maria Greißerin mit dem Schwert hingerichtet. Im August 1663 wurden in Straßburg neun „zauberische Personen“ gefoltert. Der kaiserliche Freimann Hansen Nöser erhielt für die Folter dieser Angeklagten vom Straßburger Rentamt 17 Gulden und 6 Kreuzer vergütet. Dem kaiserlichen Bannrichter wurden am 16. September 1663 166 Gulden dafür bezahlt, dass er die sieben Angeklagten wegen Zauberei „zum Schwerdt und Prandt condamniert“ und einen achten Angeklagten „ausgestrichen“ hatte.

Bei der Folter von „Hexen“ und „Zauberern“ wurde in der Steiermark und in Kärnten der besonders schmerzhafte „Zaubererstuhl“ als Folterinstrument angewendet. Auf einer Holzbank befanden sich mehrere Reihen zugespitzte Kanten, auf die der Angeklagte gesetzt und gefesselt wurde. Die Fesselung der hoch gelagerten Beine war so stark, dass die Seile das Fleisch oft bis zu den Knochen zerschnitten. Die Holzkanten bohrten sich in das Gesäß und die Genitalien des Gefolterten und verursachten derartige Schmerzen, dass die meisten Angeklagten schon nach kurzer Zeit das gewünschte „Geständnis“ ablegten. Die Schmerzen führten bei einigen Gefolterten dazu, dass sie wahnsinnig wurden und einige von ihnen überlebten die stundenlange Tortur nicht. Die Dauer der Folter auf dem „Zaubererstuhl“ lag im Ermessen des Blutrichters. Beim großen Hexenprozess 1714/15 in Maria Saal in Kärnten kamen mindestens vier Angeklagte bei der Stuhlfolter ums Leben. 1721 wurde in Kärnten ein wegen „Hexerei“ angeklagter Bettler elf Stunden lang auf dem Zaubererstuhl gefoltert, ehe er ein „Geständnis“ ablegte.

Im Herzogtum Kärnten wurden mindestens hundertvierzig Hexereiprozesse durchgeführt, mit insgesamt rund zweihundertfünfzig Angeklagten. Mindestens hundertzehn Verurteilte wurden hingerichtet. Nach dem Tod des Blut- und Bannrichters Wolfgang von Tschabueschnig im Jahr 1740 wurde Hexerei in Kärnten nicht mehr strafrechtlich verfolgt. Tschabueschnig richtete auch in Hexereiprozessen in Straßburg. Die letzte Hinrichtung wegen Hexerei in Kärnten dürfte im Jahr 1726 erfolgt sein – es handelte sich um Paul Schäffer, der vom Landgericht St. Leonhard wegen „Wolfsbannerei“ festgenommen worden war. Der Angeklagte „gestand“, vom Teufel einen Bannwolf erhalten zu haben, mit dem er zehn Rinder habe reißen lassen.

Das Knappenkirchlein „in der Höll"

Auf den Anhöhen des Gurktals befinden sich viele kleine Kirchen und Kapellen, einige von ihnen stammen aus dem Hochmittelalter. Eines der interessantesten Bauwerke ist das romanische Kirchlein St. Leonhard in Höllein beim Anwesen vlg. „Fåsch in der Höll".

Im Hochmittelalter wurde in der Region Silber abgebaut und hier befand sich eine schon 1045 urkundlich erwähnte Knappensiedlung. Als Kaiser Friedrich II. Barbarossa 1170 in Friesach weilte, gewährte er Bischof Roman I. von Gurk den Besitz der Erzgruben in Höllein und anderer Bergwerke auf Gurker Boden, die bis dahin dem Erzbistum Salzburg vorbehalten waren.

Das dem heiligen Leonhard geweihte Gotteshaus in Höllein wurde im 11. Jahrhundert errichtet, aber erst 1404 erstmals urkundlich erwähnt. Der breite Vorhallenturm dürfte aus dem 14. Jahrhundert stammen und der hölzerne Aufbau ist jüngeren Datums. Die Kirche ist mit einer geschmiedeten Eisenkette („Leonhardskette") umzogen. 1993/94 erhielt die Kirche einen neuen Anstrich. Danach wurde sie neu geweiht. Früher gab es auch einen jährlichen Kirchtag beim „Fåsch in der Höll".

Aus der Kirche stammt eines der berühmtesten romanischen Sakralkunstwerke Österreichs – das „Hölleiner Kruzifix" von 1170/80, ein „Vier-Nagel-Typus". Die Beine des Gekreuzigten sind nebeneinander ans Kreuz geschlagen. Dieses Holzkreuz und eine gotische Leonhardsfigur aus der Hölleiner Kirche befinden sich in der „Schatzkammer Gurk", in der seit Herbst 2013 die Exponate des ehemaligen Diözesanmuseums Klagenfurt zu sehen sind.

Türkeneinfälle: „Renner und Brenner"

In den Jahren 1476 und 1478 zogen türkische Horden durch das Gurktal und verwüsteten einige Orte.

Im Jahr 1473 fielen türkische Reitertruppen erstmals in Kärnten ein. Jakob Unrest, Pfarrer in St. Martin am Techelsberg, berichtete in seiner „Österreichischen Chronik", die Invasoren aus dem Orient hätten *„von demselben mittag hinz zu der nacht das Jaunthal zwischen Pleyburg und Volckenmarckt die armen leut der pawerschafft in denselben revieren den mehrerntheil jung und alt, weib unnd kind gefangen und erschlagen."* Die Eindringlinge kamen über den Seebergsattel, eroberten den Raum um den Wörthersee und zogen weiter nach Moosburg und Feldkirchen. 1476 errichteten die Eroberer in der Wernberger Drauschlinge ein Lager, von dort aus unternahmen sie Raubzüge, unter anderem drangen sie noch im selben Jahr bis nach Sirnitz vor.

Am 4. August 1478 kamen die Osmanen über den Zammelsberg in das Gurktal. Zuvor hatten sie in Feldkirchen die Kirche, den Pfarrhof und den Amthof verbrannt. Die Invasoren wollten die Kirche in Altenmarkt stürmen, scheiterten aber. Es gelang ihnen auch nicht, das befestigte Gotteshaus anzuzünden. In Weitensfeld steckten die Krieger die Markthäuser in Brand. Auch die Kirche wurde ein Raub der Flammen. *„Sy kamen darnach in das Kurckentall, da verpranten sy den Marckt Weythensveldt"*, berichtete Chronist Unrest. Auch in Glödnitz, Deutsch-Griffen und Sirnitz richteten die Türken schwere Schäden an. Auf der Flattnitz stahlen sie das Vieh. Die Flattnitz erhielt damals die Bezeichnung „blutige Alm". Im Jahr 1480 kamen türkische Verbände mit 24 000 Mann abermals nach Kärnten, das Gurktal blieb aber diesmal von den Raubzügen verschont. Den letzten Einfall in Kärntner Gebiete gab es 1483.

Die Invasion der Türken führte zu einem Ausbau der Gotteshäuser zu Wehrkirchen. In Weitensfeld wurde anstelle der von den Türken 1478 zerstörten Kirche im 16. Jahrhundert eine Wasserwehrkirche errichtet. Derartige Bauten waren selten. In Altenmarkt wurde der Friedhof mit einer etwa fünf Meter hohen Mauer mit zwei Wehrtürmen umgeben. Um 1550 wurde die Befestigung der Kirche verstärkt. Noch während der Türkeneinfälle wurde Lieding zu einer Wehrkirche ausgebaut; die Mauern sind nicht mehr erhalten.

1481, beim Einfall der Ungarn in Kärnten, zogen ungarische Horden durch das Gurktal und über den Zammelsberg nach Feldkirchen. Unrest berichtete darüber in seiner Chronik: Sie zogen *„haymlich durch das Gurcktall und uber den Zumelsberg als pey dreyhundert gen Sannd Vlreich pey Veldtkirchen."* Die Ungarn dürften die romanische Kirche in Zammelsberg zerstört haben, sodass um 1490 die heute noch bestehende spätgotische Kirche errichtet wurde. Um die Kirche entstand eine Wehranlage und die Kirche erhielt ein Steinplattendach, bei dem durch Brandpfeile kein Schaden angerichtet werden konnte.

Über die Türkeneinfälle im Gurktal haben sich mehrere Sagen erhalten. Eine davon handelt vom „Hanserkirchlein" (Kirche St. Johann im Kranabet) in Altenmarkt. Demnach sollen sich die Bewohner vor den Angreifern im romanischen Kirchlein verschanzt haben. Aus der Kirche heraus soll ein guter Bogenschütze einem Belagerer einen Jausenbissen vor dem Mund weggeschossen haben. Der Türke soll davon so beeindruckt gewesen sein, dass er mit seinen Leuten abgezogen sein und gesagt haben soll: „So lange das Hanserkirchlein im Kranabet steht, kommen wir nicht wieder."

An die „Renner und Brenner" aus dem Orient erinnern heute das „Tatermandl" auf der Hochrindl, der Türkenbrunnen in Weitensfeld und der 1947 errichtete, mit einer Büste aus dem 18. Jahrhundert ausgestattete Tatermannbrunnen in Zweinitz. Dieser Brunnen wurde 1976 und 2007 restauriert und unter der Tatermann-Büste ist das Wappen von Veit Jochner von Prägrad angebracht, der bis 1618 auf Schloss Thurnhof saß.

Der letzte Bischof im Gurktal

Kardinal Franz II. Xaver Altgraf von Salm-Reifferscheidt-Krautheim (1749–1822) war der letzte Bischof der Diözese Gurk, der seinen Sitz im Gurktal hatte. Er wurde am 1. Februar 1749 in Wien geboren und war der älteste Sohn von Anton Altgraf zu Salm-Reifferscheidt und Raphaela von Rogendorf. Sein Vater war einer der Erzieher des späteren Kaisers Joseph II. Franz Xaver absolvierte das Theresianum. Bildungsreisen führten ihn nach Deutschland, Italien, Frankreich und England. Er studierte Theologie in Rom, wo er am 26. Februar 1775 in der Peterskirche von Papst Pius VI. zum Priester geweiht wurde. Bereits 1767 wurde er Kanoniker in Olmütz und anlässlich der Krönung Josephs II. erhielt er in Salzburg ein weiteres Kanonikat. Erzherzogin Maria Theresia bestellte ihn zum „Auditor Rotae" am päpstlichen Gerichtshof in Rom. Mit kaiserlichem Dekret vom 20. November 1783 wurde Salm zum Nachfolger von Bischof Joseph II. Anton Graf von Auersperg als Bischof von Gurk bestellt und im Juli 1784 erhielt er vom Salzburger Erzbischof Hieronymus von Colloredo die Bischofsweihe. Seine Domkirche in Gurk besuchte er erstmals am 13. August 1784, die feierliche Amtseinführung fand aber erst am 16. Mai 1785 statt.

Bischof Salm war der letzte Bischof von Gurk, der noch im Gurktal residierte – und zwar im Schloss Pöckstein. Salms Vorgänger Josef II. Franz Anton von Auersperg hatte das Schloss kurz davor erbauen lassen und 1783 die Bischofsresidenz von Straßburg hierher verlegt, nachdem das Schloss Straßburg 1767 durch ein Erdbeben stark beschädigt worden war. Mit der Umsetzung der Diözesanregulierung des Kaisers Joseph II. wurde der Bischofssitz 1787 nach Klagenfurt verlegt. Die Diözese Gurk wurde beträchtlich vergrößert und erstreckte sich nun auf ganz Kärnten, mit Ausnahme des Lavanttals, das dem Bischof von Lavant unterstand. Der Sitz der Diözese Lavant wurde 1859 nach Marburg verlegt und die Lavanttaler Pfarren kamen zur Diözese Gurk.

Porträt des Kardinals Franz II. Xaver Salm-Reifferscheidt um 1817 (Bischöfliche Residenz).

Fürsterzbischof Salm residierte in Klagenfurt zunächst im Viktringer Hof beim Neuen Platz. Im Frühjahr 1791 übersiedelte Bischof Salm in ein Palais neben dem Kloster der Elisabethinnen in Klagenfurt. Das Gebäude war von 1769 bis 1776 nach Plänen des Hofarchitekten Nikolaus Pacassi für Erzherzogin Maria Anna errichtet worden. Die 1738 geborene Tochter Maria Theresias war 1781 nach Klagenfurt gezogen, wo sie bis zu ihrem Tod 1789 lebte. Der Prachtbau in der Mariannengasse ist noch heute bischöfliche Residenz. Das Gittertor vor dem Palais ziert das Wappen Salm-Reifferscheidts.

1795 suchte Salm-Reifferscheidt um das Prägerecht für Verkehrsmünzen an. Fünf Jahre später erhielt er dafür die Erlaubnis. 1801 ließ er im Wiener Hauptmünzamt Taler herstellen; der Prägestempel stammte von Ignaz Donner. 1806 ließ Salm Dukaten und „Konventions-Zwanziger" herstellen. Im Dezember 1805 wurden 332 Dukaten geprägt. Der Fürstbischof ließ Ereignisse seines Lebens auf Medaillen festhalten. Zuletzt hatte Bischof Johann VI. von Schönburg das Münzrecht 1552/53 mit der Prägung von Talern ausgeübt.

Als während der Koalitionskriege 1797 französische Truppen in Kärnten einmarschierten, flüchteten die Spitzenvertreter der Verwaltung aus Klagenfurt. Ob Salm-Reifferscheidt in Klagenfurt blieb, ist nicht bekannt. Jedenfalls stellte er sich beim neuerlichen Einmarsch der Franzosen 1805 und auch 1809 als Vermittler zur Verfügung. Dass er durch die Zahlung einer hohen Geldsumme das Völkermarkter Tor vor der Sprengung durch die französischen Besatzer bewahrte, ist allerdings nicht verbürgt. Das Völkermarkter Tor war das letzte der vier Klagenfurter Stadttore. Es wurde 1867 abgerissen.

Fürstbischof Salm-Reifferscheidt unterstützte während der französischen Besatzung Kärntner Patrioten, unter ihnen Johann Baptist Türk, der als „Kärntner Andreas Hofer" gilt, und nach dem Friedensschluss von Luneville 1801 von Tirol nach Klagenfurt übersiedelte. Türk arbeitete als Buchhalter in der Eisenhandlung Fortschnig. Dieses Geschäft wurde vom Fürstbischof 1803 erworben, aber schon 1805 wieder verkauft. In Kärnten setzte sich Türk für die Freiheitsbewegung ein. 1808, als sich ein neuerlicher Krieg mit Frankreich abzeichnete, wurde er als Kundschafter nach Tirol geschickt, das damals zu Bayern gehörte. Er spionierte Truppenstellungen und Stimmungsbilder in der Bevölkerung aus und kehrte mit diesen Informationen nach Kärnten zurück. Er organisierte auch den Landsturm in Kärnten, später auch in Krain und in der Steiermark. Salm unterstützte die Aufstellung der Kärntner Landwehr finanziell. Als der Fürstbischof Geld benötigte, schickte er Türk nach Triest, um Eisen aus den bischöflichen Werken zu verkaufen. Türk reiste wieder inkognito – als Diener des fürstbischöflichen Beamten Dresdner. Er leistete in Triest auch Kundschafterdienste. Da Türk das Eisen nicht innerhalb von drei Tagen verkauft hatte, musste er seinen Aufenthalt verlängern und bei der Behörde um einen Aufenthaltsschein ansuchen. Dort wurde ein Beamter misstrauisch, glaubte Türk zu erkennen und ließ ihn festnehmen. Bei der Einvernahme in der Stadtintendantur-Kanzlei durch einen französischen Offizier gab Türk an, ein Gurktaler zu sein – und zwar der Sohn eines Tischlers aus Straßburg. Als einer der Beamten behauptete, der Festgenommene könne nicht der Gesuchte sein, weil er den Mann genau kenne, wurde Türk entlassen. Während die Franzosen nach ihm fahndeten, konnte Türk in das Elisabethinen-Kloster flüchten. Fürstbischof Salm, dessen Residenz sich neben dem Kloster befand, empfing Türk.

1801 reaktivierte Fürstbischof Salm-Reifferscheit das Priesterhaus in Klagenfurt und 1804 wurde über seinen Auftrag das verfallene Priesterseminar in Klagenfurt wiederhergestellt.

Der Fürstbischof war auch Kunstmäzen und Förderer der Wissenschaft. Bedeutende Künstler und Gelehrte zählten zu seinen Bekanntenkreis. Er richtete auf Betreiben seines Generalvikars Sigismund von Hohenwart die Expedition aus, der im Sommer 1800 die Erstbesteigung des Großglockners gelang, des mit 3797 Metern höchsten Berges Österreichs. Um 1800 ließ er sich von der Malerin Barbara Krafft (1764–1825) porträtieren.

Bei der Wahl des Papstes Pius VII. im Jahr 1800 wurde Salm-Reifferscheidt zum päpstlichen Thronassistenten und Hausprälaten beim Apostolischen Stuhl bestellt.

Wirtschaftlich war Fürstbischof Salm-Reifferscheidt weniger erfolgreich. Einige Unternehmen des Bistums, vor allem die eisenverarbeitenden Betriebe, waren defizitär. Investitionen, etwa für die Erneuerung bzw. Fertigstellung des Alumnatsgebäudes in Straßburg, verschlangen hohe Summen. Dazu kamen hohe Kriegskontributionen, die Kosten für das Mäzenatentum und für den persönlichen Lebensstil des Fürstbischofs. Das Bistum hatte hohe Außenstände und auch Steuerschulden. Wegen der Steueraußenstände der bischöflichen Herrschaften Albeck, Straßburg, Grades und Dürnstein wurde die wirtschaftliche Gebarung des Bistums von der Kärntner Landesverwaltung im Juni 1818 unter Zwangsverwaltung gestellt und einen Monat später in eine landesfürstliche Verwaltung umgewandelt. Die Leitung der Verwaltung wurde dem Generalvikar Jakob Peregrin Paulitsch übertragen. Paulitsch wurde nach dem Tod Salms zum Kapitelvikar gewählt und 1824 wurde er Bischof von Gurk.

Salm-Reifferscheidt wandte sich wegen der finanziellen Situation an Kaiser Franz I. und dieser würdigte die Leistung des Fürstbischofs, insbesondere bei der Aufstellung der Landwehr. Über Intervention des Kaisers erhielt Salm-Reifferscheidt am 23. September 1816 die Kardinalswürde verliehen. Er war der letzte Bischof von Gurk, der Kardinal war. Um den drohenden Konkurs abzuwenden, bot Salm-Reifferscheidt im Oktober 1920 an, als Bischof zurücktreten und die Kardinalswürde abzugeben. Er selbst wollte mit einer Pension ausgestattet werden.

Die letzten Lebensjahre verbrachte er im Priesterhaus in Klagenfurt, wo man ihm zwei Zimmer zur Verfügung gestellt hatte. Hier starb Kardinal Franz II. Xaver Altgraf von Salm-Reifferscheidt-Krautheim verarmt am 19. April 1822. Seine letzte Reise führte ihn wieder in das Gurktal: Der Fürstbischof fand in der bischöflichen Gruft der Kollegiatkirche St. Nikolai in Straßburg seine letzte Ruhestätte. Kurz nach dem Tod des Kardinals wurde sein Privatvermögen versteigert, neben Schmuck und anderen Wertgegenständen auch Kleidung und Wäsche. Bei einer weiteren Versteigerung im März 1823 wurden unter anderem geistliche Ornamente, Kirchengeräte, geistliche Bilder und andere kirchlichen Gegenstände angeboten. In Straßburg im Gurktal und in St. Salvator bei Friesach sind Straßen nach ihm benannt. In Klagenfurt erinnert der Kardinalplatz an den bedeutenden Fürstbischof Salm. Der zwanzig Meter hohe Obelisk auf diesem Platz wurde von ihm finanziert.

Schloss Pöckstein: Frühklassizistisches „Vogelhäusel"

Die Stelle, an der die Metnitz in die Gurk mündet, war schon im 12. Jahrhundert strategisch bedeutend. Hier musste der Eingang in das Gurktal geschützt werden und hier gab es ein machtpolitisches Spannungsfeld zwischen dem Erzstift Salzburg, dem Salzburger Eigenbistum Gurk und dem Herzogtum Kärnten.

Die ursprüngliche Burg Pöckstein dürfte vom bedeutenden Gurker Bischof Roman I. im Jahr 1147 errichtet worden sein – als Straßensperre zwischen Althofen und dem salzburgischen Ort Friesach. Sie dürfte aber schon früh zerstört worden oder verfallen sein. Neben der alten Burg Pöckstein soll es hier im Hochmittelalter zwei weitere Burgen gegeben haben: Bullendorf und Rabenstein. Wo die Burg Bullendorf stand, ist nicht genau bekannt. Möglicherweise befand sie sich in der heutigen Ortschaft Buldorf. Dokumentiert ist für 1204 ein „Hainricus des Puolendorf" und für 1216 „dominus Meinhardus et Heinricus de Pulndorf". Die Burg wurde 1292 gestürmt und zerstört und nicht mehr aufgebaut.

Die Burg Rabenstein zwischen Friesach und dem ebenfalls zum Erzstift Salzburg gehörenden Ort Althofen wurde von Meinhard von Görz-Tirol errichtet, der vom Habsburger Rudolf I. 1286 mit dem Herzogtum Kärnten belehnt worden war. Mit der Burg Rabenstein konnte Herzog Meinhard die Verbindung zwischen den beiden Orten kontrollieren. Beim großen Aufstand des kärntnerischen und steirischen Adels gegen die Habsburger im Jahr 1292 nach dem Tod des Königs Rudolf von Habsburg wurde Rabenstein von salzbur-gischen Truppen eingenommen und zerstört. Graf Ulrich von Heunburg, der als einer der mächtigsten Kärntner Grafen Herzog von Kärnten werden wollte, führte die Aufständischen an. Ulrich von Heunburg wurde von König Wenzel von Böhmen, vom Salzburger Erzbischof und vom Bistum Bamberg unterstützt. Die Kämpfe begannen mit einem Überfall auf die Herzogstadt St. Veit an der Glan, in der sich der Sohn Meinhards von Tirol befand. Er wurde als Geisel genommen, zunächst auf Burg Glanegg und später auf der salzburgischen Burg Hohenwerfen festgehalten. Bei den Auseinandersetzungen wurden unter anderem die Städte Friesach und St. Andrä im Lavanttal zerstört. Am 14. März 1293 wurden die Putschisten in der Schlacht am Wallersberg von den Truppen des Habsburgers Albrecht I. von Österreich besiegt. Ulrich von Heunburg wurde in Wiener Neustadt gefangen gehalten, er erreichte aber im Juni 1293 einen Friedensvertrag mit Albrecht I. von Österreich, konnte nach Kärnten zurückkehren und erhielt einige seiner Güter zurück.

Die Burg Rabenstein wurde wieder aufgebaut. Herzog Heinrich von Kärnten setzte Konrad von Schrankpaum als Burggraf auf Rabenstein ein. Im Krieg Heinrichs gegen König Albrecht stand der Erzbischof von Salzburg diesmal auf der Seite des Habsburgers. Burg Rabenstein wurde im Jahr 1307 abermals von den Salzburger Truppen belagert. Der Salzburger Erzbischof bestach Schrankpaum mit 200 Mark Silber. Daraufhin übergab Schrankpaum die Burg Rabenstein nach einem Scheinangriff den Salzburgern. Er konnte mit seinem Vermögen die Burg verlassen, bevor sie endgültig zerstört wurde. Die Steine wurden nach Althofen gebracht und dort für den Bau der Befestigung verwendet.

„Ze Friesach hört man predigen; swer von sünden erledigen sines vaters sele wolde, hin ze Rabenstein komen solde mit hacken und mit houwen, und swaz da waer gebouwen, das solt man ane sumen ab dem berge rumen“, schrieb Johann von Viktring. Der Geschichtsschreiber berichtete auch, dass der Verräter Schrankpaum den „gebührenden Lohn“ empfangen hätte: Die Produkte des Stoffwechsels hätten bei ihm nicht am natürlichen Ort ihren Ausgang gefunden, sondern über eine Öffnung an der Seite. Das hätte schließlich seinen Tod verursacht.

VOM HERRENHAUS ZUM SCHLOSS PÖCKSTEIN

Am 16. Juni 1606 bewilligte Erzherzog Ferdinand dem Gewerken Christoph Gschwind von Pöckstein die Errichtung eines Hammerwerks an der Mündung der Metnitz in die Gurk – „Zwischenwässern" genannt. Das Erz stammte vom Bergbau im Raum Friesach.

Gschwind errichtete neben dem Hammerwerk ein Herrenhaus. Es handelte sich um den „adelychen Sitz Poksthein samt dabaygelegener mül mit sechs lauffern, stampf und saag." Die Familie Gschwind war protestantisch, 1616 musste Gschwind daher das Hammerwerk und das Herrenhaus an den Bischof von Gurk, Johann VII. Jakob Freiherr von Lamberg, verkaufen. Das Bistum Gurk führte den Hammerbetrieb in Zwischenwässern fort und erbaute in Hirt einen großen Hochofen.

Nachdem das Schloss Straßburg im Jahr 1767 durch ein Erdbeben stark beschädigt worden war, beschloss Bischof Josef II. Franz Anton von Auersperg, den Bischofsitz nach Pöckstein-Zwischenwässern zu verlegen. Er ließ das Herrenhaus der Familie Gschwind niederreißen und beauftragte den Salzburger Baumeister Johann Georg Hagenauer, ein Schloss mit vier Stockwerken im frühklassizistischen Stil zu errichten. Hagenauer, damals einer der bedeutendsten Architekten in Österreich, begann 1778 mit dem Schlossbau. „Gekrönt" ist das Gebäude, das an drei Seiten Eingänge hat, mit einem Uhrtürmchen. Der Bruder des Baumeisters, Johann Baptist Hagenauer, stattete das Schloss mit Plastiken aus. Für die Innengestaltung waren der Maler Franz Wagner und der Stuckateur Martin Karl Keller verantwortlich. Das Erdgeschoss war Wohn- und Arbeitsbereich für die Bediensteten, im ersten Stock befanden sich Wohnräume und der zweite Stock war die „Beletage" mit prunkvollen Wohn- und Repräsentationsräumen. Die Wände des Speisesaals sind mit exotischen Motiven verziert. Im nordwestlichen Gebäudeteil befindet sich die Kapelle, die über den ersten Stock zugänglich ist und in den zweiten Stock reicht. Die verzierten Öfen in Stuckmarmornischen wurden 1780 vom St. Veiter Hafnermeister Franz Watzgo errichtet. Zwei Kaminöfen in der Beletage stammen von der Wiener Hafnermeisterin Clara Kemeterin. Die Verzierungen dafür schuf Johann Baptist Hagenauer. Im Norden und Osten des „Lustschlosses" befand sich ein Park mit Nebengebäuden, darunter eine Sala Terrena mit Pfirsichhaus, und ein Glashaus. Erhalten sind der Gartentempel, die Geräteschuppen und die Kegelbahn. Baumeister Johann Georg Hagenauer ließ ein ökonomisches Beheizungssystem installieren. Das Regenwasser wurde vom Dach in einen Behälter auf dem Dachboden geleitet und von dort wurden die Aborte gespült. Kaiser Joseph II. soll bei der Durchreise gesagt haben, Schloss Pöckstein sehe einem „Kanarienvogelhäusel" ähnlich.

Bischof Auersperg konnte das Schloss 1783 beziehen; im selben Jahr wurde er zum Bischof von Passau ernannt und er verließ das Gurktal. Sein Nachfolger Franz Xaver Altgraf von Salm-Reifferscheidt-Krautheim residierte nur wenige Jahre im Schloss Pöckstein. Mit der Diözesanregulierung des Kaisers Joseph II. wurde der Bischofssitz 1786 nach Klagenfurt verlegt. Die Diözese Gurk wurde beträchtlich vergrößert und erstreckte sich nun auf ganz Kärnten, mit Ausnahme des Lavanttals, das dem Bischof von Lavant unterstand. Fürsterzbischof Kardinal Salm residierte in Klagenfurt zunächst im Viktringer Hof und übersiedelte im Frühjahr 1791 in ein Palais, das für Erzherzogin Maria Anna Habsburg von Lothringen errichtet worden war. Das prächtige Gebäude ist noch heute Residenz des Bischofs von Gurk.

Nach der Verlegung des Bischofsitzes nach Klagenfurt diente Schloss Pöckstein als Verwaltungssitz des Bistums Gurk. Hier befand sich nun die bischöfliche Temporalienverwaltung. Das Schloss diente zeitweise als Sommersitz der Bischöfe und war später bis 2002 Sitz der bischöflichen Forstverwaltung. Im Zweiten Weltkrieg wurde das Schloss durch Bombentreffer beschädigt, aber später wieder instand gesetzt.

Das Bistum Gurk verkaufte Schloss Pöckstein im Jahr 2007 an ein Unternehmen des Geschäftsmannes Dante Buzzi. Das Schloss, eines der bedeutendsten frühklassizistischen Bauwerke Kärntens, wurde zu einem Spekulationsobjekt. 2012 wurde das traditionsreiche Gebäude von der „Pöckstein Vermietungs- und Verwertungsgesellschaft m.b.H." erworben. Geschäftsführer sind die Villacher Hartwig Warmuth und Thomas Telsnig. Derzeit wird über die weitere Nutzung des Schlosses diskutiert. Vorschläge, im Schloss das Diözesanmuseum und ein Lapidarium einzurichten, wurden nicht berücksichtigt.

DIE GEWERKENFAMILIE GSCHWIND VON PÖCKSTEIN

Mit Pöckstein eng verbunden war die Gewerkenfamilie Gschwind. Der gesellschaftliche Aufstieg der Familie begann im frühen 16. Jahrhundert mit der Eisenverarbeitung in Pöckstein. Das erste bedeutende Familienmitglied Hans Gschwind, Hammerbesitzer in Pöckstein, bediente bei der ersten Türkenbelagerung Wiens im Jahr 1529 das grobe Geschütz auf den Stadtwällen. Damals halfen auch weitere Adelige aus Kärnten bei der Verteidigung der belagerten Stadt, darunter Georg von Kulmer, Pfleger auf Osterwitz und Erbauer des Schlosses Rosenbichl. Die Brüder Hans und Christoph Gschwind wurden 1601 in die Kärntner Landstände aufgenommen. Wie andere Adelsfamilien waren auch die Gschwind Protestanten. Im Zuge der Gegenreformation wurden die protestantischen Familienmitglieder vor die Wahl gestellt, sich zum Katholizismus bekehren zu lassen oder das Land zu verlassen. Am 27. Juli 1627 intervenierten die evangelischen Kärntner Stände beim Hof unter anderem für die Familie Gschwind. Dennoch mussten einige Familienmitglieder vor 1629 nach Deutschland auswandern. Der landschaftliche Sekretär Franz von Gschwind ging 1634 nach Regensburg ins Exil.

Der in Kärnten gebliebene Eisengewerke Georg Ordolph von Gschwind ließ im 17. Jahrhundert das kleine Barockschloss Töscheldorf bei Treibach errichten, dessen Festsaal vom bedeutendsten Kärntner Barockmaler, Johann Ferdinand Fromiller (1693–1760), ausgestaltet wurde. An der Stelle des heutigen Schlosses stand im 14. Jahrhundert ein Herrenhaus. Hier saß ein salzburgischer Amtmann, der das Gut verwaltete.

Neben dem Schloss befindet sich eine Kapelle aus dem 16. Jahrhundert, in der täglich für die Herrschaft und das Dienstpersonal Messen gelesen wurden. Der Wirtschaftshof neben dem Schloss wurde im 19. Jahrhundert erbaut. Franz Josef Freiherr von Ottenfels-Gschwind und sein Sohn Xaver ließen das dreigeschoßige Gebäude im 18. Jahrhundert ausgestalten.

Spätere Besitzer der Herrschaft Töscheldorf waren die Gewerken Josef Kochler von Jochenstein, Simon Grabuschnig und Franz Xaver von Knapitsch (ab 1803). 1856 erwarb der Eisenindustrielle Baron Eugen Dickmann das Schlossgut, 1889 ging der Besitz an Leon Ladislaus Freiherr von Lenval und später an die Grafen Czosnowski über. 1955 erwarb der Landwirt Franz Knafl das Gut Töscheldorf. Das Schloss diente als landwirtschaftliche Fachschule und ab 1965 eine Expositur des damaligen Musisch-Pädagogischen Bundesrealgymnasiums Klagenfurt. Im Schuljahr 1969/70 wurde Töscheldorf ein eigenständiges Musisch-Pädagogisches Bundesrealgymnasium. 1980 übersiedelte das Gymnasium in das neu errichtete Bundes-Schulzentrum in Althofen. Das Schloss Töscheldorf dient seitdem als Schulgebäude für polytechnische Lehrgänge.

Johann Gschwind von Pöckstein besaß neben dem Familiensitz Töscheldorf unter anderem die Güter Posseldorf und Laabeck in Kärnten. 1651 wurde er Kaiserlicher Rat und General-Kriegszahlmeister in Wien. Mit seiner 1662 verstorbenen Frau Maria Magdalena, geb. Schreckinger, hatte er zwei Kinder: Johann Martin und Maria Margaretha, die mit dem k. k. Rats- und Kammeral-Hofbuchhalter Johann Adam Edlen von Fabrizi verheiratet war und 1716 starb. Johann Gschwind von Pöckstein starb 1658. Sein Sohn Johann Martin, geboren am 10. Mai 1645 auf Schloss Wasserleonburg, wurde von seinem Vormund, dem k. k. Oberst von Peverelli, erzogen. Johann Martin Gschwind von Pöckstein wurde wie sein Vater Offizier und erwarb sich Verdienste bei der zweiten Belagerung Wiens durch die Türken im Jahr 1683. Der k. k. Offizier war auch in Feldzügen in Ungarn, Deutschland und Italien erfolgreich und wurde 1705 zum Feldmarschall befördert. Er beschäftigte sich außerdem wissenschaftlich, besaß ein gut ausgestattetes physikalisches Labor und eine umfangreiche Bibliothek, die er testamentarisch der Öffentlichkeit zugänglich machte. Die Bibliothek wurde 1785 mit der Universitätsbibliothek Wien vereinigt. 1708 wurde Johann Martin in den Reichsfreiherrenstand erhoben und 1720 in den niederösterreichischen Herrenstand aufgenommen. Er starb 76-jährig am 10. April 1721 unverheiratet und kinderlos. Seinen Besitz erbte sein Neffe Wolfgang Franz Otto Ritter von Ottenfels. Dieser war Güterinspektor des Grafen Khevenhüller, ständischer Verordneter, Generaleinnehmer und Unterdirektor der kärntnerischen Landtafel und besaß die Güter Weißenfels, Gurnitz, Mörtenegg und Leifling.

Mit dem Erbe gingen auch Namen und Wappen der Familie Gschwind an Wolfgang Franz Otto von Ottenfels über: Er wurde von Kaiser Karl IV. in den Freiherrenstand erhoben und nannte sich von nun an Ottenfels-Gschwind.

Die Familie Otto von Ottenfels stammte aus dem Lavanttal. Hanns Sigmund Otto war Pfleger im Dienst Bambergs und nannte sich „von Ottenfels, von und zu Gurnitz". Von 1620 bis 1632 war er bambergischer Vizedom in Wolfsberg und danach landschaftlicher Obersekretär. Am 30. Jänner 1643 wurde er Kärntner Landmann. Er erhielt den Titel Kaiserlicher Rat und war ab 1652 Lehenskommissär des Erzstifts Salzburg in Kärnten. Johann Sigmund von Ottenfels fertigte 1650 eine Landkarte von Kärnten an. Er starb 1666. Seine Tochter Susanne Elisabeth heiratete 1654 Sigmund Petribusch und sein Sohn Wolfgang Jakob von Ottenfels wurde 1705 landschaftlicher Sekretär in Kärnten. Er war mit Anna Eleonora, geb. von Mittnacht, verheiratet. Ihr 1671 geborener Sohn Wolfgang Franz von Ottenfels erbte, wie erwähnt, das Vermögen des letzten männlichen Sprosses der Freiherrenfamilie Gschwind von Pöckstein. Wolfgang Franz Freiherr von Ottenfels-Gschwind war in erster Ehe mit Franziska, geb. Freiin von Haideck, und in zweiter Ehe mit Marianne Therese, geb. Freiin von Thürndl, verheiratet. Sein Sohn aus erster Ehe, Franz Joseph Freiherr von Ottenfels-Gschwind, war kärntnerisch-ständischer Bauzahlmeister und besaß die Güter Leifling, Pöckstein und Töscheldorf. Er starb 62-jährig am 5. Februar 1764. Sein Nachfolger Franz Xaver Freiherr von Ottenfels-Gschwind war k. k. Kämmerer und landeshauptmannschaftlicher Rat in Klagenfurt. Er heiratete Maria Aloisia, geb. Freiin von Kulmer. Ihr am 12. Juni 1778 geborener Sohn Franz Xaver Freiherr von Ottenfels-Gschwind trat nach einer wissenschaftlichen Ausbildung Wien in die Akademie der morgenländischen Sprachen ein und diente von 1802 bis 1819 als „Sprachknabe" bei Ignaz von Stürmer in Istanbul. Er bereiste Kleinasien und einige Inseln, außerdem beschäftigte er sich mit orientalischer Philologie und Altertumskunde. Während der Befreiungskriege kam er nach Wien, wo er 1816 die Tochter des berühmten Generals von Schlaun heiratete. 1822 folgte er Graf Lützow als österreichischer Botschafter in Istanbul. Bei seinem Abschied als Diplomat in der Türkei erhielt er als erster fremder Diplomat die große Dekoration des ottomanischen Verdienstordens in Brillanten überreicht. Am 15. März 1833 verließ Freiherr von Ottenfels-Gschwind Istanbul an Bord eines k. k. Schiffes. Drei Wochen später erlitt er in der Nacht an der italienischen Küste Schiffbruch, die Mannschaft konnte aber gerettet werden.

Quellen/Literatur

Archiv für vaterländische Geschichte und Topographie. Geleitet von Gotbert Moro, herausgegeben vom Geschichtsverein für Kärnten, 52. Band, Klagenfurt 1958.

Angetter, D: Spitzer, Hugo. In: Institut für Neuzeit- und Zeitgeschichtsforschung (Hrsg.): Österreichisches Bibliographisches Lexikon 1815–1950, Band 13, 2007, S. 40.

Aufklärer – Kardinal – Patriot. Franz Xaver von Salm. Katalog zur gleichnamigen Ausstellung von 11. Juni bis 12. November 1993 in der Bischöflichen Residenz in Klagenfurt (Redaktion: Peter G. Tropper). Universitätsverlag Carinthia, Klagenfurt, 1993.

Bäck, Roland: Sozioökonomischer Wandel im ländlichen Raum im ausgehenden 18. und frühen 19. Jahrhundert in Kärnten: Die Katastralgemeinden St. Filippen, Kraßnitz und Gurk (Markt). Ein Vergleich auf Basis von Josephinischem und Franziszeischem Kataster. In: Carinthia I, 200. Jg., 2010, S. 391–432.

Beckh-Widmannstetter, Leopold von: Studien an den Grabstätten alter Geschlechter der Steiermark und Kärntens. Druck J. Donny, Berlin, 1877/78.

Brachmaier, Hartmut: Hochwässer und Hochwasserschutz in Weitensfeld. In: Weitensfelder Kulturbote, Nr. 4/2001, S. 4–8.

Brachmaier, Hartmut: Pfarrkirche Altenmarkt. Unveröffentlichtes Manuskript, o. J.

Brandstätter, Reinhard: Das Kugelwerfen. In: Gemeinde Deutsch-Griffen (Hrsg.): Deutsch-Griffen im Laufe der Jahrhunderte. Die Gemeindechronik. Eigenverlag, Deutsch-Griffen, 2001, S. 231.

Burkart, Karl: Mündliche und schriftliche Überlieferungen zum Gurker Gerichtsbrunnen auf der Heide. In: Carinthia I., 179. Jg., 1989, S. 149–151.

Dehio-Handbuch: Die Kunstdenkmäler Österreichs – Kärnten. 3. Auflage, Wien, 2001.

Demus, Otto: Die spätgotischen Altäre Kärntens. Reihe: Aus Forschung und Kunst, Band 25, Geschichtsverein für Kärnten, Klagenfurt, 1991.

Dienst, Heide (Hg.): Hexenforschung aus österreichischen Ländern. Österreichische Hexenforschung, Band 1 (Publikationen des Österreichischen Arbeitskreises für interdisziplinäre Hexen- und Magieforschung. Lit Verlag, Wien, 2009.

Dopsch, Heinz: Hemma von Gurk – Eine Stifterin zwischen Legende und Wirklichkeit. In: Hemma von Gurk. Katalog zur Ausstellung auf Schloss Straßburg/Kärnten vom 14. Mai bis 26. Oktober 1988, Klagenfurt, 1988, S. 11–23.

Dopsch, Heinz; Brunner, Karl; Weltin, Maximilian: Österreichische Geschichte 1122–1278. Die Länder und das Reich. Der Ostalpenraum im Hochmittelalter. Verlag Ueberreuter, Wien, 1999.

Dürnwirth, Raimund: Das Innungsbuch der Sensenschmiede in Himmelberg. In: Carinthia I, Zeitschrift für geschichtliche Landeskunde von Kärnten, 94. Jg., 1904, S. 84–102.

Ebel, Wilhelm: Der Bürgereid als Geltungsgrund und Gestaltungsprinzip des deutschen mittelalterlichen Stadtrechts. Verlag Böhlau, Weimar, 1958.

Eichert, Stefan: Die Burgruine Steuerberg. In: Wadl, Wilhelm: Steuerberg. Verstecktes Paradies im Herzen Kärntens. Verlag Johannes Heyn, Klagenfurt, 2001.

Eichert, Stefan: Eine archäologische Spurensuche im Gemeindegebiet von Weitensfeld. In: Zeloth, Thomas (Hg.): Weitensfeld. Eine Marktgemeinde im Herzen des Gurktales. Verlag Johannes Heyn, Klagenfurt, 2008; S. 24–39.

Fräss-Ehrfeld, Claudia: Geschichte Kärntens, Band 1. Das Mittelalter. Verlag Johannes Heyn, Klagenfurt, 1984.

Fräss-Ehrfeld, Claudia: Geschichte Kärntens, Band 2. Die ständische Epoche. Verlag Johannes Heyn, Klagenfurt, 1994.

Fresacher, Walther: Das Ende der Edlinger in Kärnten. 2., geänderte Auflage, Verlag des Kärntner Landesarchivs, Klagenfurt, 1984.

Fresacher, Walther: Die Pest in Kärnten im Jahre 1715 (1716). In: Kärntner Landsmannschaft I, 1971, S. 9–12.

Frick, Karl R.: Geschichte der Medizin in Kärnten im Überblick I: Von den Anfängen bis zum Jahre 1814. Verlag des Kärntner Landesarchivs, Klagenfurt, 1987.

Frick, Karl R.: Kärntner Heilbäder und Kurorte, eine historische Übersicht. In: Carinthia I, Zeitschrift für geschichtliche Landeskunde von Kärnten, 187. Jg., 1997, S. 495–520.

Fritz, Anton: Zum Schicksal der bisher ältesten bekannten Hemma-Statue. In: Carinthia I, Zeitschrift für geschichtliche Landeskunde von Kärnten, 186. Jg., 1996, S. 555–559.

Frodl, Walter: Die gotische Wandmalerei in Kärnten. Verlag Joh. Leon, Klagenfurt, 1944.

Frodl, Walter: Die romanische Wandmalerei in Kärnten. Verlag Joh. Leon, Klagenfurt, 1942.

Frodl, Walter: Glasmalerei in Kärnten 1150–1500. Verlag Joh. Leon sen., Wien, 1950.

Frodl-Kraft, Eva; Frodl, Gerbert; Frodl-Schneemann, Marianne: Kärntner Kunststätten. Verlag Galerie Welz, Salzburg, 2005.

Gaul, Jerzy: Quellen zu Prozessen über Hexerei in Kärnten (1465–1782) im Staatsarchiv Posen. In: Carinthia I, Zeitschrift für geschichtliche Landeskunde von Kärnten, 194. Jg., 2004, S. 509–535.

Gemeinde Deutsch-Griffen (Hrsg.): Deutsch-Griffen im Laufe der Jahrhunderte. Die Gemeindechronik. Eigenverlag, Deutsch-Griffen, 2001.

Gemeinde Sirnitz (Hrsg.): 1000 Jahre Sirnitz. Eine Reise durch die Zeit. Graphischer Betrieb Carinthia, Klagenfurt, 1993.

Ginhart, Karl; Grimschitz, Bruno: Der Dom zu Gurk. Krystall-Verlag, Wien, 1930.

Graber, Georg: Sagen aus Kärnten. Verlag Leykam, Graz, 1941.

Grabmayer, Johannes: Volksglauben und Volksfrömmigkeit im spätmittelalterlichen Kärnten. Kulturstudien, Band 24. Böhlau Verlag, Wien, Köln, Weimar, 1994.

Gugl, Christian: Von Virunum nach Iuvavum. Topographische Probleme im Umfeld der norischen Provinzhauptstadt. In: Forum Archaeologiae, 67. Ausgabe, Nr. VI, 2001.

Hartwagner, Siegfried: Österreichische Kunstmonographie Band VIII: Der Bezirk St. Veit an der Glan. Verlag St. Peter, Salzburg, 1977.

Henkel, Hugo: Burgen und Schlösser in Kärnten. Verlag Johann Leon sen., Klagenfurt/Wien, 1964.

Höfler, Janez; Vodnik, Alenka: Der Maler Heinrich in Zweinitz – ein Grazer. In: Carinthia I, Zeitschrift für geschichtliche Landeskunde von Kärnten, 196. Jg., 2006; S. 600–602.

Hohn, Manfred: Waldbahnen in Österreich. 3. Auflage, Verlag Josef Otto Slezak, Wien, 2005.

Huber, Erich: Mautstationen in Kärnten. In: Carinthia I, Zeitschrift für geschichtliche Landeskunde von Kärnten, 193. Jg., 2003, S. 253–269.

Jabornegg-Altenfels, Michael F. von: Kärntens römische Alterthümer. Verlag Kleinmayr, Klagenfurt, 1870.

Jaksch, August von: Geschichte Kärntens bis 1335. Verlag Kleinmayer, Klagenfurt, 1928/29.

Jaksch-Wartenhorst, August: Die Edlinge in Karantanien und der Herzogbauer am Fürstenstein bei Karnburg. In: Akademie der Wissenschaften in Wien. Philosophisch-historische Klasse. Sitzungsberichte, Band 205, 5. Abhandlung. Wien/Leipzig, 1927, S. 3–19.

Jernej, Renate: Grabdenkmäler aus der Kirche St. Bartholomäus in Friesach – Geschichte und Folgen einer Entdeckung. In: Carinthia I, Zeitschrift für geschichtliche Landeskunde von Kärnten, 194. Jg., 2004, S. 445–485.

Kafka, Karl: Wehrkirchen Kärntens II. Birken-Verlag, Wien, 1972.

Kärntner Bildungswerk, Liedarchiv.

Karpf, Kurt; Meyer, Therese: Edlinger als Kirchenstifter. Ein Beitrag zu mittelalterlichen Kirchengründungen in Oberkärnten. In: Carinthia I. Zeitschrift für geschichtliche Landeskunde von Kärnten. 202. Jahrgang, 2012, S. 43–54.

Klebel, Ernst: Von den Edlingern in Kärnten, Archiv für vaterländische Geschichte und Topographie, 28. Bd., Verlag Ferd. von Kleinmayer, Klagenfurt, 1942.

Knapp, Walter: Edlinger am Lurnfeld. In: Carinthia I. Zeitschrift für geschichtliche Landeskunde von Kärnten. 153. Jahrgang, 1963; S. 321–331.

Kohla, Franz Xaver; Metnitz, Gustav Adolf v.; Moro, Gotbert: Kärntner Burgenkunde. Ergebnisse und Hinweise in Übersicht. Erster Teil: Kärntens Burgen, Schlösser, Ansitze und wehrhafte Stätten. Ein Beitrag zur Siedlungstopographie. Zweite Auflage. Geschichtsverein für Kärnten, Klagenfurt, 1973.

Kohla, Franz Xaver; Metnitz, Gustav Adolf v.; Moro, Gotbert: Kärntner Burgenkunde. Ergebnisse und Hinweise in Übersicht. Zweiter Teil: Quellen- und Literaturhinweise zur geschichtlichen und rechtlichen Stellung der Burgen, Schlösser und Ansitze in Kärnten sowie ihrer Besitzer. Geschichtsverein für Kärnten, Klagenfurt, 1973.

Kranzmayer, Eberhard: Ortsnamenbuch von Kärnten, I. Teil – Die Siedlungsgeschichte Kärntens von der Urzeit bis zur Gegenwart im Spiegel der Namen. Verlag des Geschichtsvereines für Kärnten, Klagenfurt, 1956.

Kranzmayer, Eberhard: Ortsnamenbuch von Kärnten, II. Teil – Alphabetisches Kärntner Siedlungsnamenbuch. Verlag des Geschichtsvereines für Kärnten, Klagenfurt, 1958.

Krause, Adalbert: Das steirische Benediktinerstift Admont in seinen Beziehungen zu Kärnten, in: Carinthia I. Zeitschrift für geistliche Landeskunde von Kärnten. Festgabe zum 900-Jahrjubiläum des Bistums Gurk 1072–1972. Verlag des Geschichtsvereines Kärnten, Klagenfurt, 1972.

Kretzenbacher, Leopold: Ein Bürgereid aus Weitensfeld im Gurktal, 1765. In: Carinthia I, Zeitschrift für geschichtliche Landeskunde von Kärnten, 151. Jg. 1961; S. 867–873.

Kretzenbacher, Leopold: Ringreiten, Rolandspiel und Kufenstechen. Sportliches Reiterbrauchtum als Erbe aus abendländischer Kulturgeschichte. Klagenfurt 1966.

Mahlknecht, Eduard: Die Magdalenenscheibe aus St. Magdalena bei Weitensfeld um 1170. In: Geschichtsverein für Kärnten, Programm – Erstes Halbjahr 2007; S 11.

Kreuzer, Anton: Kärntner Biographische Skizzen. 17.–20. Jahrhundert. Kärntner Druck- und Verlagsgesellschaft, Klagenfurt, 1997.

Maierbrugger, Matthias: Kärntner Sagenbuch. Verlag Johannes Heyn, Klagenfurt, 1970.

Maierbrugger, Matthias: Lebendiges Brauchtum in Kärnten, Verlag Johannes Heyn, Klagenfurt, 1978.

Marktgemeinde Gurk (Hrsg.): Das Goldene Buch von Gurk, Kärntner Druck- und Verlagsgesellschaft, Klagenfurt, 1998.

Marktgemeinde Weitensfeld (Hrsg.): Das Weitensfelder Kranzelreiten, Weitensfeld, 1998.

Mayer, Simon Martin: Eine Sekular-Feier zu Wolfsberg. In: Carinthia, Nr. 50, 1818.

Metnitz, Gustav Adolf von: Geadelte Bürger, 1. Teil. In: Carinthia I, Zeitschrift für geschichtliche Landeskunde von Kärnten, 154. Jg., Klagenfurt 1964; S. 70–151.

Metnitz, Gustav Adolf von: Geadelte Bürger, 2. Teil. In: Carinthia I, Zeitschrift für geschichtliche Landeskunde von Kärnten, 155. Jg., Klagenfurt 1965; S. 437–503.

Metnitz, Gustav Adolf von: Geadelte Bürger, 3. Teil. In: Carinthia I, Zeitschrift für geschichtliche Landeskunde von Kärnten, 156. Jg., Klagenfurt 1966; S. 184–200.

Miller, Konrad: Itineraria Romana. Römische Reisewege an der Hand der Tabula Peutingeriana. Strecker & Schröder, Stuttgart, 1916; Nachdruck: Husslein, Bregenz, 1988.

Mitterauer, Michael: Familienformen und Illegitimität in ländlichen Gebieten Österreichs. In: Archiv für Sozialgeschichte, Vol. 19 (1979), Seiten 123–188.

Mitterdorfer, Joseph: Das Bad und die Kirche St. Leonhard in Kärnten. In: Carinthia I, Zeitschrift für geschichtliche Landeskunde von Kärnten, 1816; Nr. 34–35.

Mitterdorfer, Joseph: Johann Strauß, ein seltener kärntnerischer Landmann. In: Carinthia I, Zeitschrift für geschichtliche Landeskunde von Kärnten, 27. Jg., Nr. 6, 1837; S. 25–26.

Neumann, Wilhelm: Der Haidnerhof zu Spitalein im Gurktal. In: Carinthia I. Zeitschrift für geschichtliche Landeskunde von Kärnten. 187. Jg., 1997; S. 221–247.

Neumann, Wilhelm: Gottesurteile und Eigenkirchen in Gurker Urkunden zwischen 1176 und 1218. In: Carinthia I., 179. Jg., 1989, S. 141–148.

Niel, Alfred: Das Gurktal und seine Bahn. Verlag Carinthia, Klagenfurt, 1964.

Obersteiner, Jakob: Die Bischöfe von Gurk 1072–1822. Reihe: Aus Forschung und Kunst, 5. Band. Verlag des Geschichtsvereines für Kärnten, Klagenfurt, 1969.

Obersteiner, Jakob: Die Bischöfe von Gurk 1824–1979. Reihe: Aus Forschung und Kunst, 22. Band. Verlag des Geschichtsvereines für Kärnten, Klagenfurt, 1980.

Obersteiner, Jakob: Die persönliche Zusammensetzung des adeligen Gurker Domkapitels und Domstiftes in der Zeit von 1620–1787. In: Carinthia I, Zeitschrift für geschichtliche Landeskunde von Kärnten, 154. Jg., Heft 1–4, 1964, S. 221–256.

Obersteiner, Jakob: Randnotizen zur Gurker Bistumsgeschichte. In: Carinthia I, Zeitschrift für geschichtliche Landeskunde von Kärnten, 180. Jg., 1990, S. 343–354

Obersteiner, Jakob: Randnotizen zur Stadtgeschichte von Straßburg. In: Carinthia I, Zeitschrift für geschichtliche Landeskunde von Kärnten, 165. Jg., 1975, S. 225–243.

Panholzer, Peter: Die Rundkirche auf der Flattnitz. In: Carinthia I, Zeitschrift für geschichtliche Landeskunde von Kärnten, 155. Jg., 1965, S. 316–326.

Pehr, Franz: Produktionsverhältnisse in Kärnten. Ein Beitrag zur Heimatkunde. Verlag Ferd. von Kleinmayr, Klagenfurt, 1909.

Piccottini, Gernot: Die Römer in Kärnten. Carinthia I, Zeitschrift für geschichtliche Landeskunde von Kärnten, Klagenfurt, 1989.

Pichler, Alfred: Bergbau in Ostkärnten. Carinthia II, Sonderheft Nr. 60, Klagenfurt, 2003.

Pirker, Franz: Aus der Ortsgeschichte von Weitensfeld im Gurktale. Sammlung von Geschichtsbildern, 1982 (unveröffentlicht).

Pirker, Franz: Sagen in und um Weitensfeld, bearbeitet von Günther Biermann. Verlag Johannes Heyn, Klagenfurt 2008.

Rauber-Zimmer, Ingeborg U.: Franz Xaver Altgraf von Salm-Reifferscheidt. Kirchenfürst, Förderer von Kunst und Wissenschaft, Patriot und Wohltäter der Notleidenden. In: Carinthia I., 161. Jg., 1971, S. 319–346.

Rainer, Otto: Dom zu Gurk Fastentuch. Gurk, 2005.

Rieser, Alexandra: Die Pfarrkirche St. Jakobus d. Ä. in Deutsch-Griffen und die Filialkirche in Spitalein. In: Gemeinde Deutsch-Griffen (Hrsg.): Deutsch-Griffen im Laufe der Jahrhunderte. Die Gemeindechronik. Eigenverlag, Deutsch-Griffen, 2001, S. 115–125.

Sacherer, Johannes: Anmerkungen zur Entstehung der Pfarrorganisation im Bistum Gurk. In: Carinthia I. Zeitschrift für geschichtliche Landeskunde von Kärnten. 201. Jg., 2011, S. 109–130.

Sacherer, Johannes: Anmerkungen zur Gründung des Bistums Gurk und zur Rechtsstellung seines ersten Bischofs. In: Carinthia I. Zeitschrift für geschichtliche Landeskunde von Kärnten. 199. Jahrgang, 2009, S. 81–102.

Sacherer, Johannes: Rechtshistorische Bemerkungen zur Verfälschung der Gründungsgeschichte des Bistums Gurk. In: Carinthia I, Zeitschrift für geschichtliche Landeskunde von Kärnten. 202. Jg., 2012, S. 21–42.

Sacherer, Johannes: Untersuchungen zum Kloster der Witwe Imma in Lieding. In: Carinthia I, Zeitschrift für geschichtliche Landeskunde von Kärnten. 196. Jg., 2006, S. 255–277.

Sahner, Wilhelm: Die St.-Aegidius-Pfarrkirche zu Zweinitz. Ein kunstgeschichtliches Juwel. Zweinitz. Selbstverlag, Gelsenkirchen, 1956.

Sartori, Franz: Neueste Reise durch Österreich ob und unter der Ens, Salzburg, Berchtesgaden, Kärnthen und Steyermark, in statistischer, geographischer, naturhistorischer, ökonomischer, geschichtlicher und pittoresker Hinsicht unternommen von Dr. Franz Sartori, Mitglied mehrerer gelehrten Gesellschaften. Verlag Anton Doll, Wien, 1811.

Schimmer, Gustav Adolf: Die unehelich Geborenen in Österreich 1831–1874. In: Statistische Monatsschrift, Jg. 2, 1876, S. 148 ff

Schinegger, Maria: St. Urban im Wandel der Zeiten. Eine Chronik, herausgegeben von der der Gemeinde St. Urban, Klagenfurt, 1991. Sinne, Arno: St. Leonhard im Bade. In: Gemeinde Albeck (Hg.): 1000 Jahre Sirnitz. Eine Reise durch die Zeit. Carinthia, Klagenfurt, 1993; S. 25–33.

Schöffmann, Peter: Das Bistum Gurk im konfessionellen Zeitalter. Carinthia I, Zeitschrift für geschichtliche Landeskunde von Kärnten, Klagenfurt, 1989.

Schröckenfux, Franz: Geschichte der österreichischen Sensenwerke und ihrer Besitzer. Hrsg. von Franz John, Linz, Achern, 1975.

Schulchronik der Volksschule Altenmarkt.

Somek, Gottfried: Noreia und die Tabula Peutingeriana. In: Carinthia I. Zeitschrift für geschichtliche Landeskunde von Kärnten. 194. Jg., 2004, S. 293–320.

Stanfel, Dieter: Gurkthalbahn. Treibach – Althofen – Strassburg – Klein-Glödnitz. Verlag Johannes Heyn, Klagenfurt, 1980.

Stejskal, Herbert: Kärnten – Geschichte und Kultur in Bildern und Dokumenten. Von der Urzeit bis zur Gegenwart, Klagenfurt 1985.

Stieve, Felix: Rumpf zum Wülroß, Wolfgang Siegmund. In: Allgemeine Deutsche Biographie, Band 29, Duncker & Humblot, Leipzig, 1889, S. 668 f.

Till, Josef: Auf Hemmas Spuren. Verlag Hermagoras/Mohorjeva, Klagenfurt, Wien, 2005.

Treppo, Franco: Chronik von Schloss Thurnhof und deren Besitzer, 1993 (unveröffentlicht).

Tropper, Christine: Die Stifter des Hemma-Freskos in Zweinitz. Zum Problem Gurktaler Adel und Gurker Domkapitel in der 1. Hälfte des 15. Jahrhunderts. In: Carinthia I, Zeitschrift für geschichtliche Landeskunde von Kärnten, 180. Jg., 1990, S. 285–301.

Valvasor, Johann Weichard: Topographia archiducatus Carinthiae, Nürnberg 1688, Nachdruck Klagenfurt 1975.

Wacha, Georg: Die alte Feste Rabenstein. In: Carinthia I. Geschichtliche und volkskundliche Beiträge zur Heimatkunde Kärntens. Nr. 145, 1955, S. 345 ff.

Wadl, Wilhelm: 700 Jahr Markt Gurk. In: Marktgemeinde Gurk (Hrsg.): Das Goldene Buch von Gurk, Kärntner Druck- und Verlagsgesellschaft, Klagenfurt, 1998, S. 35–40.

Weingand, Hans-Peter: Krapfenbäck Simerl. Leben und Sterben eines legendären Kärntner Räubers. 2. Auflage, Selbstverlag, Graz, 2009.

Wießner, Hermann: Burgen und Schlösser Kärntens I: Burgen und Schlösser um Wolfsberg, Friesach, St. Veit. Birken-Verlag, Wien, 1964.

Wießner, Hermann: Geschichte des Kärntner Bergbaues. III. Teil. Kärntner Eisen. Archiv für Vaterländische Geschichte und Topographie, 41. und 42. Band. Verlag des Geschichtsvereines für Kärnten. Klagenfurt, 1953.

Willner, Heinz: Die Albecker Flur- und Ortsnamen. Hrsg. vom Museum- und Schlossverein Schloss Albeck, Albeck, 2006.

Wurzbach, Constantin, von: Mitterdorfer, Joseph. In: Biographisches Lexikon des Kaisertums Oesterreich: Enthaltend die Lebensskizzen der denkwürdigen Personen, welche 1750 bis 1850 im Kaiserstaate und in seinen Kronländern gelebt haben. 18. Teil, Verlag der k. k. Hof- und Staatsdruckerei, Wien, 1868, S. 376–377.

Wutte, Martin: Hexenprozesse in Kärnten. In: Carinthia I, Zeitschrift für geschichtliche Landeskunde von Kärnten, 117. Jg., 1927, S. 27–67.

Wutte, Martin: Zur Geschichte der Edlinger, der Kärntner Pfalzgrafen und des Herzogstuhles. In: Carinthia I, Zeitschrift für geschichtliche Landeskunde von Kärnten, 139. Jg., 1949, S. 13–48.

Zeloth, Thomas (Hg.): Weitensfeld. Eine Marktgemeinde im Herzen des Gurktales. Verlag Johannes Heyn, Klagenfurt, 2008.

Zenegg-Scharffenstein, Emmerich: Krapfenbacher Simerl. Der Kärntner Räuberhauptmann. In: Freie Stimmen, Folge 186, 1931, S. 2–3.

Bildnachweis

Werner Sabitzer: 12, 15, 20, 33, 34, 35, 36, 37, 38, 39, 40, 43, 49, 64, 66, 73, 74, 75, 76, 77, 78, 79, 80, 84, 98, 113, 114, 115, 116, 117, 118, 119, 120, 123, 128, 153, 154, 155, 156, 157, 158, 159, 160, 161

Österreichische Nationalbibliothek: 28

Brauchtumsmuseum Weitensfeld: 72

Johann Weichard von Valvasor: 74 , 156

Wolfgang Lazius, 1561: 75

Stadtmuseum Villach: 91

Matthäus Merian, Topographia Austriacarum: 119

Bischöfliche Residenz Klagenfurt: 204

Matthäus Merian, 1649: Vor- und Nachsatz (Karte)

Ein Land voller Schätze - neben Kirchen, Burgen und Schlössern sind es gerade die zahlreichen Klein- und Flurdenkmäler, die die Landschaft prägen. Brunnen, Säulen, Skulpturen, Kult- und Gedenksteine, Wegkreuze oder Bildstöcke in ganz Kärnten werden in diesem Buch ansprechend porträtiert. Und weil alle diese Kleindenkmäler ihre eigene Geschichte haben, werden auch die Geschichten dazu erzählt.

Monika Gschwandner-Elkins
JUWELEN IN KÄRNTEN
Die 100 schönsten Kleindenkmäler

192 Seiten, 19 x 24,5 cm
Hardcover mit Schutzumschlag
€ 24,99 · ISBN: 978-3-7012-0104-4

Neu und spannend erzählt treten uns die Sagen aus der Vergangenheit plötzlich in ungeahnter Aktualität entgegen. Jede Geschichte greift hinein in unser Leben und verbindet uns mit der Weisheit der Vergangenheit. Begeben Sie sich auf eine Entdeckungsreise in das geheimnisvolle Land der Mythen und Sagen des Alpen-Adria-Raumes. Wandeln Sie auf den Traumpfaden und lauschen Sie den Mythenwebern. Sie werden reich beschenkt von dieser Reise zurückkehren.

Wilhelm Kuehs
SAGEN AUS KÄRNTEN, FRIAUL UND SLOWENIEN

224 Seiten, 13,5 x 21,5 cm
Hardcover mit Schutzumschlag
€ 19,99 · ISBN: 978-3-7012-0115-0

styria regional

CARINTHIÆ DUCATV
STIRI
Aptenaw
Gross Fricz fl.
Mautrdorf
S. Martin
S. Lorenz
Sepach
S. Margræ
S. Iob
Kreins
Kirthaim
Londneck
S. Leonhart
Czumlsberg
Gross Arel
Isaræ fons
S. Erasmus
Leubn fl.
S. Peter
Soneberg
Gmünd
Himelberg
Steyrburg
Glaneck
S. Gilg
Falknstein
Kyrchaim
KAR NTE N
Lyser fl.
Roonstein
S. Peter
Ueldkirch
Glanhofn
Debrugch